サップ西成自伝

奪還

「大阪最強の半グレ」と呼ばれた男

サップ西成

構成 アンディ南野

徳間書店

サップ西成自伝

「大阪最強の半グレ」と呼ばれた男

はじめに

巨大な会場で、熱狂する満員のお客さん。格闘技ファンでない人でも知っている有名選手同士がリングの上で戦う。その模様はテレビでも放送され、リビングでも生の肉体がぶつかり合う興奮を味わうことができる。

こうしたメジャーな格闘技大会の対極に位置するのが「地下格闘技」だ。

メジャー大会に出場するほとんどの選手がプロだが、地下格はアマチュアが大多数である。もちろん世の中にはプロの登竜門としてのアマ大会があるが、それと地下格を分けるのが選手のバックボーンだ。

アマ大会の選手がアスリートであるのに対して、地下格の選手は不良や暴走族が大勢を占める。

ゆえに試合は「街のケンカ」がほとんどだ。

そうした選手の応援団も「その筋」ということで、応援団同士がぶつかることもしばしば。いわば「格闘技」の原点ともいえる荒々しいファイトと、いつ場外乱闘が起こるかもしれない危険な雰囲気が充満した会場――その独特の怪しげな雰囲気が「地下」という言葉に凝縮されている。

「地下格闘技」が花開くのは２０００年代に入ってからだが、その爆心地は日本一の大都市・東京ではなく大阪だった。２０１０年頃までには、やがて全国で約50ほどの地下格大会が乱立するようになる。

その地下格ブームのパイオニアこそが、大阪で産声を上げた、ある格闘大会だ。盛り上がりを牽引したのが、その大会の看板選手だった私――サップ西成である。

大阪の「西成」で生まれ育った私は貧困による飢えに苦しむ。古い世代の大阪市民なら「当たり前」の話だが、西成は力が序列を決定する弱肉強食の世界だった。

生き抜くために私は暴力を覚えていく。高校進学など考えられない状況の中で、恩師と柔道と出会う。柔道の才能が私に進学の道を開いてくれた。ところが私は、そこから２度も逃げ出してしまう。

奪還

こうして私は所在もなく、ケンカに明け暮れる放埒の日々を送る。そんな私が地下格闘技に流れ着いたのは、自然な流れだったのかもしれない。

その時、私に与えられたリングネームが「サップ西成」である。

元アスリートとして街のケンカ屋相手に当たり前のように勝利を重ねる私だったが、ある時、大阪に新たな地下格団体ができる話を耳にする。その団体は「やんちゃ」な選手が集まる地下格でありながら、プロの登竜門を目指すという。

そのコンセプトに強い共感を覚えた私は、自ら志願して、その大会に飛び込んだ。ド派手なプロモーションと選手ファーストの融合によって、大会は瞬く間に成長した。網膜剝離で選手を離れた私は運営会社の社長に就任する。

1つの大会の出場選手が約50～60人、会場のキャパは約2000人――まさに「日本一」の地下格大会だ。ところが間尺に合わない巨大さがアダになっていく。繁華街で大会の関係者を名乗る犯罪が横行していったからだ。

当時、世の中では関東連合に象徴される「半グレ」が社会問題となっていたことで、大会は関西最大の「半グレ」と認識されてしまう。

もはや大会を開催することも難しくなり、消滅に追い込まれる。

その時、関西に進出してきたのが前田日明氏率いる地下格大会「THE OUTSIDER」だ。過去の遺恨も手伝って、窮した私は「THE OUTSIDER」会場に乱入し、前田氏を襲撃した。

逮捕、長期勾留を経て私が選んだのは「関西最強の半グレ」と呼ばれるようになった「サップ西成」との別離だ。飲食店経営者として格闘技とは無縁の長い沈黙の時間を過ごす。

そんな私に突然訪れたのが、SNSが生み出した「現代の地下格」、「Breaking Down」への出場である。人気コンテンツへの露出によって、SNSでは「サップ西成」の過去が都市伝説を伴って拡大し、独り歩きしていった。

このままでは私は過去に潰されてしまう。そこで沈黙を破ってすべてを明らかにすることにしたのが本書である。

今の私の目標は50歳までリングに上がり続けることだ。現在、私は格闘家としての余生を楽しむことができている。

発信力が備わったことで「若いやんちゃ」が私を慕って集まるようになった。彼らは無軌道だった「かつての私」だ。恩師が私に愛情を注いでくれたように、私も彼らに寄り添おうと思っている。

私なりの更生教育によって、私自身が大きなトラブルに巻き込まれることもあるだろう。そうして私はまた、すべてを失ってしまうかもしれない。

これはサップ西成が歩んできたこれまでの戦いと、これからの戦いの物語である。

果たして私はどこに行くのか――。

2024年3月

サップ西成

Contents

part 1 飢餓と柔道

誕生「サップ西成」

Contents

part 3 大阪発日本一の地下格大会

part 4 「半グレ」の襲撃

Contents

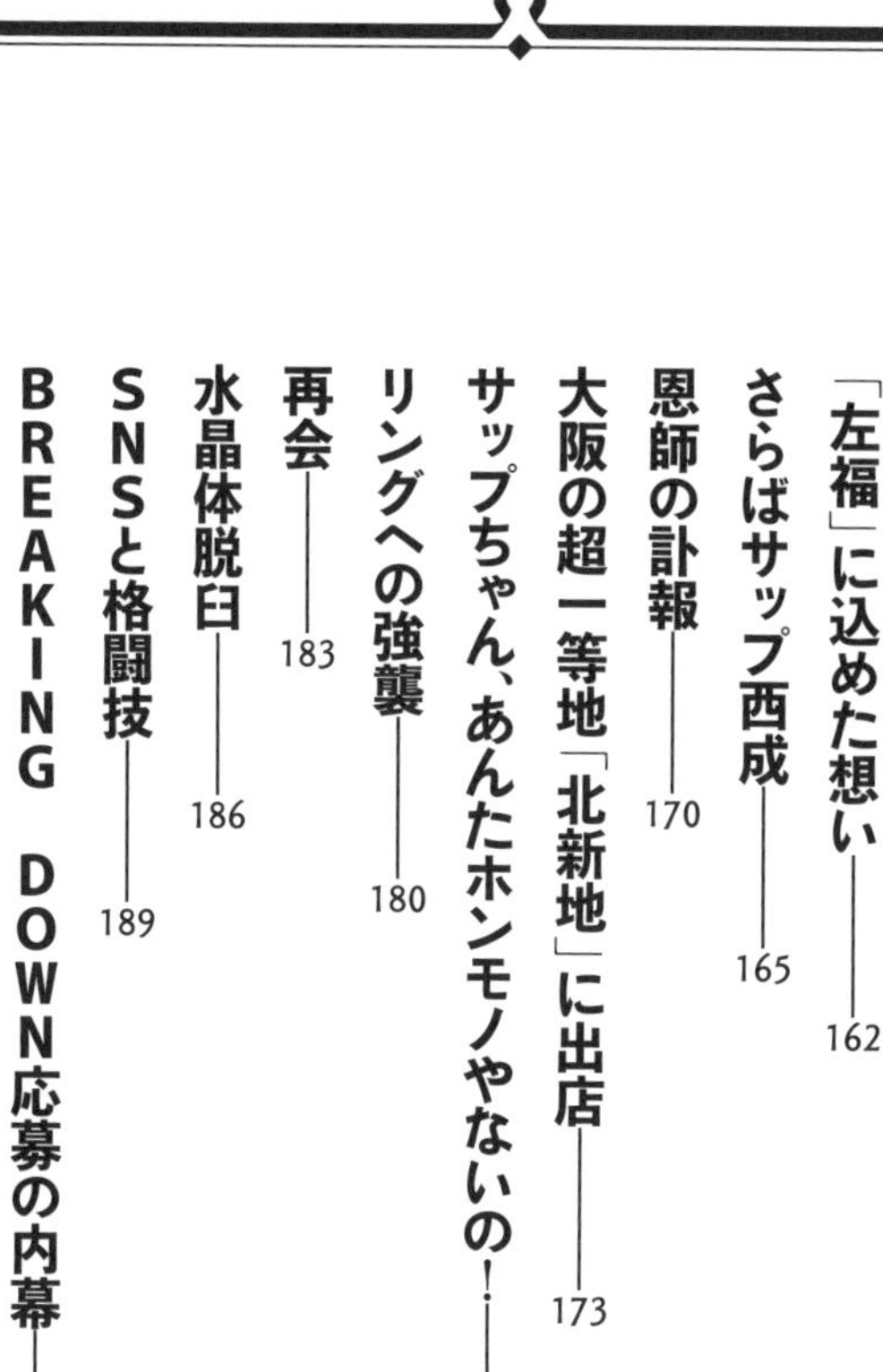

part 5 奪還

Contents

DARKAN

part 1

飢餓と柔道

弱肉強食の街・西成で貧困と空腹に苦しみながら育った私は、
柔道に出会う。特待生の立場を勝ち得て進学するも逃亡。
荒んだ生活の果てに格闘技と再会した。

内なる咆哮

２０２３年2月19日、姫路みなとドーム。格闘イベント「ＢＬＵＥＳＴＡＲ」の選手入場口バックヤードで、私は精神を研ぎ澄ましていた。走馬灯のように頭の中に浮かぶ過去を１つ１つ振り払い、「ど突く」というたった１つの気持ちに純化させていく。それは深海の底に独りで沈んでいくような作業だ。拍動、呼吸を自覚する。周囲の音は消えていった――。

その静寂を突如打ち破ったのが私の入場曲、ＳＨＩＮＧＯ★西成の「パーティといてまえと私」だ。爆発するようにアドレナリンが噴き出し、全身の毛穴が広がっていくのを感じる。

直前の練習で失明状態になっている右目の瞳孔も拡散していたに違いない。もちろん、このことは対戦相手のヒロ三河選手には伝えていない。ヒロ三河選手とは何度も拳を交えて、誠実な人柄を知っている。伝えてしまえば試合を中止にすることは確実だからだ。

会場に出た瞬間、沸き立つ観客たち。

「還ってきた」

そう心の中で呟きながら手を高く上げる。そしてリングに向かう時に私は、こう実感した。

「俺は、ど突き合いが好きなんや」

この高揚する瞬間を取り戻すまで実に約10年の時間がかかってしまった。リングの上に立った私の胸中に様々な記憶が去来する——。

貧困と薬物の街に生まれて

私は1977年（昭和52年）6月20日に大阪府の西成と呼ばれる地区で次男として生まれた。本名は金城旭（きんじょうあきら）。姓の由来は祖父と母が沖縄だったからだ。大正区には沖縄にルーツを持つ人が多く住むが、私の周辺にはほとんどいない。

名前の「旭」は父が大ファンだった小林旭から取った。

それほど好きなら7つ上の長男にと思うのだが、兄は祖父から一文字をもらった名前が付けられ、私には小林旭から拝領することになったのである。昭和の時代は大スターだったかもしれないが、私にはなんだかダサい印象しかない。

古い知人や関係が深い人は私を「あきら」と呼ぶが、「旭」という字はどうにも好きになれずに今に至っている。

関西圏の人間であれば大概の人は「西成」という地域をイメージできるだろうが、私が生まれて育った「西成」は深刻なレベルの貧困が過去から現在まで蔓延している地帯である。

西成区の平均所得は179万円で大阪府平均の約7割、全国平均の約6割に過ぎない。西成区の非正規雇用労働者の割合は57・4％で大阪府全体の約1・3倍、全国平均の約1・2倍である。

非正規でも働けて所得がある人はまだマシだ。

貧困を示す指標の1つが生活保護受給率だが西成区の生活保護受給率は29・9％で、

大阪府全体の約4倍、全国平均の約7倍にもなる。同年時点の西成区のひとり親世帯の割合は20・4％で大阪府全体の約2倍、全国平均の約1・5倍である。

データはいずれも2022年のものだ。昔の西成を知る大阪市民は、現在の姿を見て、

「本当にきれいになった」

と驚くが、その内部はやはり「西成」のままだ。

この街に住み明日を夢見ることができない人たちが、現実逃避の手段として愛用するのが薬物だ。

大阪府警によれば2022年の西成区の覚醒剤取締法違反検挙者は240人で大阪全体の約4分の1にあたる。府警は西成区に約2000人の覚醒剤使用者がいると推計している。西成区にある医療機関で薬物依存症の治療を受けた人は約1500人で、このうち覚醒剤依存症が約800人。

2022年の西成区の生活保護受給者数約1万3000人に対して、薬物依存症が原因で生活保護を受けている人は約2000人。貧困と薬物がセットになっている証

しである。

飢えと暴力

そうした環境の犠牲になるのが働くこともできない子供だ。

家庭の所得などのデータから算出される「子供の貧困率」については、西成区が38・1％と大阪府全体の約3倍、全国の約2・5倍になる。

私自身も貧困のただ中に放り出されることになった。

幼稚園の時に両親が離婚をして、私は父親に引き取られることになった。父は西成の鉄工所に勤務するサラリーマン。仕事はマジにするのだが、父が溺れたのは薬物ではなく「酒」だった。少しでも飲むと何もしない人間になってしまう。

そんな父を見て育った影響で、私はお酒を飲むことができなかった。初めて飲んだのも26歳の時である。加えて父はギャンブル狂だった。

私は貧困とネグレクト（育児放棄）に直面することになる。

この時の私は風呂に入ることもなく不衛生で、ボロボロの服を身にまとっていたが、それは苦痛でもなんでもなかった。なぜなら、もっと過酷な苦痛があったからだ。

一番難儀だったのは「飢え」である。食べたい物が食べられないのではなく、必要最低限の栄養さえ摂取できない。

唯一口にできるのはわずかばかりの「米」、すなわちご飯しかない。おかずなどない食卓で米だけを食べる。どうにか楽しい食事にするためには色んな調味料で味を付けるしかない。まさかこの時に培った味覚が、後の自分の職業に結びつくとは当時の自分にはわからなかったが……。

もう1つの苦しみが暴力だ。

貧困と薬物が蔓延する街の中で人間の序列を決めるのが「暴力」だ。文字通り弱肉強食の西成独特の縦社会ができあがる。

私の時代は、その世代の「番長」がいた。中学の一番強いヤツとタイマンをするということは結構ある話だった。相手の学校に乗り込んで「アタマ貸せや」みたいなことが現実にあったのだ。まるでヤンキー漫画で映画にもなった「ビー・バップ・ハイスクール」の世界である。

このように腕力が人の価値を決める地域にあって、幼い頃の私は壮絶ないじめに遭う。私に対する暴力は北津守小学校に進学してますます激しくなった。

ボロボロになって自宅に帰ると、今度は7つ上の兄が私をしばいた。兄がグレていった過程は記憶にないが、おそらくきっかけは両親の離婚だ。父親が働いている時、自宅は兄が不良仲間を連れてきて溜まり場にしているほどのいっぱしの「やんちゃ」になっていた。

やられるくらいならやる

飢えと暴力に苛まされた地獄の日々が続いたが、転機が訪れたのは小学校3年生の時だった。その日、いつものように上級生の「ケンカ番長」にしばかれていた私は、あることに気がつく。

「兄貴に殴られた方が痛いやん」

人間というのは気持ち1つで、それまでしてこなかった行動をするものである。そのわずかなアクションが、後の生き方に大きな影響を与えたりもする。

「だったら反撃した方がええわ」

やられるくらいならやる――そのくらい追い詰められていたのかもしれない。私は「道具」、つまり「武器」に手をかけた。その時の道具とはモップで、金具の部分をケンカ番長の頭目がけて渾身の力で振り下ろしたのである。ものすごい手応えとともに、番長がうろたえるのがわかった。

頭部の傷は思ったより出血量が多いのだが、いくら「番長」でも痛みと流血を味わいながら、まだ向かってくるほど大人ではない。こうして私は生まれて初めてヒトに勝つことができたのだ。

成功体験こそが人を成長させる最良の栄養だ。この時をきっかけに私は暴力を恐れなくなった。

「武器を使ってもええんや」

そのことに気がついた私は、降りかかってくる暴力を振り払う術を覚えたのである。

間もなく訪れたのが「飢え」からの解放だ。小学校4年生の時、母親が再婚をきっかけに私を引き取ってくれたのである。

空腹に苦しまない日常が訪れたことが何より嬉しかった。

移った先は教育文化都市で治安も格段によい大阪府豊中市だった。変わったのは住所だけではない。父の姓は「住元」だったが、再婚した母は旧姓「宮城」から「金城」に変わっていた。

前述したように大阪では珍しい名前ということで、私自身聞いたこともない名前だったほどで、子供には「きん」という響きが面白く聞こえるようだ。学校では「きんたま」などとおちょくられるようになった。転校生という狙いやすいことが拍車をかけて、また、いじめの対象にされかけたのだ。

ところが、こちらは西成で揉まれて今日まで生き残ってきた。武器を使って流血させれば黙るという方程式は、あの野生の王国でさえ通用する。転校先の豊中市立野田小学校で不良のような年上の子供が絡んで来た時、躊躇なく石で頭をど突いてかち割った。

ところが豊中市には1年ほどしか住まなかった。

母親の母親、つまり私の祖母の体調が思わしくないということもあって、小学校5年生の時に祖母の住む西成へと再び舞い戻ったのである。

小学校6年生で現在の体格に

再度転校したのは大阪市立長橋小学校だが、前の小学校から直線で1キロにも満たない場所にある。転校後にふっかけられて、また相手をノスという儀式にも慣れてきたが、私は地元で中学まで過ごすことになった。経済的には豊かさとは遠い状況ではあったが、私ではどうすることもできなかった「大人の事情」の部分が安定し始めたからである。

豊中で過ごした間に起こった変化はケンカで道具を使わなくなっていったことだった。私の内部に潜んでいた、とてつもない「破壊力」が少しだけ目覚め始めたからだ。

豊中、西成と転校を繰り返したが誰とやってもケンカで負けることはなくなった。

西成に帰って1年ほど経ち、身体は第二次性徴期を迎える。

小学校6年生になると身長174センチ、体重76キロで靴が30センチと現在の体格とほぼ変わらないまでになる。大人のサイズで小学校を卒業し、そのまま鶴見橋中学校に進学した。

ちょうど母が再婚相手と離婚したのはこの時期だった。母は旧姓に戻らず、私は今日まで金城姓のままである。

2024年で47歳になる私にとって中学時代は30年以上前になる。2022年のデータで西成を説明したが、当時は、文字通りの惨状だった。

中学生になると少しだけ生活圏が広がり、だんだん世間が理解できてくるのだが、とにかく目に付くのがホームレスの人たちと薬物中毒者だ。昼間はリヤカーを引いて段ボールを集めるが、夜の公園はホームレスの溜まり場である。

公園からあぶれたホームレスが向かうのがガソリンスタンドだ。閉店後には布団を敷くのだが、そのすき間すき間には必ず薬物中毒者がいた。西成に隣接する新今宮駅は通天閣の最寄り駅で、周辺は今日でこそ観光地になっている。しかし、古くから大阪に住む人たちが好んで行かないのは、巨大スラムに近づきたくないからだ。

どこの地域にも先輩—後輩、大人—子供の縦社会はある話だが、西成の場合は「薬物」が縦社会に食い込んでくることが多い。大人が覚醒剤なら、子供はシンナー。先輩が後輩にシンナーを勧め、中毒者が蔓延するのである。

だから中学生の間ではシンナーが蔓延。西成独特の縦社会で先輩に勧められるが、私は断固拒否していた。

中毒者たちがキマったり、トンだりしている姿を見ていると、とても同じようなことをしたいという気持ちにはならない。薬物中毒者は経済も含めた物心両面での負担を周辺の人間に与え、異常な言動を繰り返す。薬物中毒の二次被害に遭う人は少なくなかった。

幼い頃から薬物中毒者に触れて生きていた私は、薬物も使用する人間も好きになれない。むしろ強い憎悪を抱いている。だから現在でも薬物根絶派だ。

柔道との出会い

そういう環境や生活の中で西成の中学生は、先輩の誘いで暴走族に入るなど「進路」を決めていくのである。

もちろん私も先輩から暴走族への勧誘を受けた。私の場合、同級生をど突いてしまうので友人が少なく、遊び相手は先輩がほとんどだった。振り返ればいっぱしの反抗期で、いつも何かに苛立って、フラストレーションが溜まっていたのかもしれない。そういう季節はたいがい「イライラしているのに、寂しい」というこじらせ方をしているのがほとんどだ。

大阪周辺には多くの大物ヤクザを輩出した紀州連合という巨大な暴走族もあるが、西成にあるのは小さな暴走族。皆が単車を盗んで走る。私も集会に参加したものの、向いてないようで、どうにもシンパシーがわかなかった。

そんな私の「進路」は意外にもアスリートだった。

小学校高学年から中学生にかけて私はサッカーをやっていた。3年後の1993年に開幕するJリーグのおかげでサッカーがブームになっていたが、私のポジションはキーパー。今日でこそサッカーへの理解が共有され花形になっているが、当時は、日陰で身体の大きさが災いしてしまったのかもしれない。

ところが中学1年3学期に入った時、足首の捻挫がクセになってしまって、近所にある「くりもと整骨院」に行く。そこに出会いがあった。提出した保険証で片親であることがわかったのか、それとも私の所作が感じさせたのか、接骨院の栗本忠広先生は突然、私にこう言った。

「お前んち、貧乏やろ」

あまりの直球だが、事実だから首を縦に振るしかない。すると先生はこう告げた。

「柔道やれ、柔道やったら、お前、高校ただで行かしたんぞ」

突然のスカウトだが、自分の家の経済状況を考えると中学1年生の時点で高校進学はほぼ諦めていた私にとっては青天の霹靂だ。栗本先生は整骨院の隣にある「盛毅館 栗本道場」の初代館長で柔道を教えていた。

月謝は無料という条件で私が柔道を習おうと通い始めると、とにかく受け身、受け身の稽古が続く。受け身は柔道の基本だが、粟本先生は柔道を人間教育の一環と考えていた。それを端的に表しているのが、相田みつをの『本気』（文化出版局）の「受身―負ける練習―」だ。いわく。

受身とは投げ飛ばされる練習
人の前で叩きつけられる練習
人の前でころぶ練習
人の前で負ける練習です。

つまり、人の前で失敗をしたり、恥をさらす練習です。
自分のカッコの悪さを多くの人の前で、
ぶざまにさらけ出す練習
それが受身です。

またたく間に大阪府上位選手となった（本人・下段左　栗本氏・下段中央）

先生は人生において必ず訪れる「人生の壁」を乗り越えることができる人間を形成するのが柔道であり、その真髄が受け身ということで、とにかく投げられ続けるのだ。栗本道場の受け身稽古は、大半の人が辞めていくほど厳しい。

ところが、柔道の稽古を始めて、たった約2カ月で出場した大会で私は準優勝をしてしまう。まだ投げ技など教えてもらっていないから「力」だけで投げて勝ってしまったのである。

先生の選手を見抜く目と育成方針は正しかったということだ。

稽古を続けていくうちにわかったのだが、私の柔道の強さには秘密があった。普通、柔道は右組み手なのだが、私は何度教えられてもしっくりこない。右組み手で逆技の方が身体に合っているのだ。変則なので相手は困惑する。

ところがある日、先生が、

「お前、左利きやろ」

と指摘してくれて、左組み手に替えるようになった。

気がついたのが、私の回転軸は普通の人と逆で左巻きだったということだ。箸は右利きなのだが、左も器用に使うことができるという意味では両利きなのだが、回転軸が「左」ということだ。

格闘技の世界に入っても構えはオーソドックスなのだが左のジャブがいわゆる「ジャブストレート」になる。左回転ということで左フックがフィニッシュブローになっているのだ。これも左組み手で袖の取り合いをしたことが影響している。「強さ」を追求していけば、柔道、ボクシングなどの競技から始めてもゴールは同じということでもあるが。

宮崎の強豪・鵬翔高校に特待生入学

こうして柔道の道に本格的に入った私は大阪府でベスト4以上に常に入賞する選手になった。全国で一番強いのは東京で、大阪は世代によって強さが違う。1つ上の世代が全国で優勝するほど強かったことも影響して、私の世代も強かった。

全国でも高いレベルにいたということになる。

大阪府の強化選手として合宿に呼ばれて京都・大阪・神戸の3都市大会に出場する。ただしその上に行くことはできなかった。大きな理由は、ここ一番で負けるタイプだったからだ。

例えばある大会で優勝した選手と、違う大会の1回戦で当たって勝ったことがある。ところが次の大会でここ一番という場面で、その相手と対戦したら負けてしまうということが多かったのだ。

慢心などのメンタルの問題ではない。ジャンルはともかくあらゆる試合に「負ける」

と思って出場したことがないからだ。強いて言えばスタイルだったのかもしれない。常に勝負は「一本」だけ。一本でしか勝たないので、負ける時も一本。駆け引きのようなことが、あまり好きではないのだ。

今になって考えれば、むしろ「生き方」と呼ぶべきものだと思う。

中学時代、常に大阪上位の成績だったこともあって、柔道界に広い顔を持つ栗本先生は私を、知人の宮崎県の鵬翔高校の指導者に紹介してくれた。こうして私は先生の宣言通り特待生として、ただで高校に進学できたのである。

越境でのスポーツ特待生はエリートアスリートの一員になったということだ。

鵬翔高校はサッカー部が有名で全国大会出場13回、優勝1回を誇る宮崎県内有数の強豪校だ。鹿島アントラーズや浦和レッズを渡り歩いた元日本代表、興梠慎三選手は鵬翔の出身である。

絶対に勝てない中学生

当時、宮崎県内の柔道最強の高校と言えば、宮崎県が生んだ柔道金メダリスト、井上康生氏を末弟とする井上3兄弟の次兄・井上智和氏が在籍していた宮崎日大高校。鵬翔は打倒宮崎日大を目指す高校だった。

ところが入学すると高校3年生に「すごいごっつい」先輩がいた。関西特待生組は私、神戸の亮太、そして小学校時代には1個上だった先輩の3人がいた。ところがその「ごっつい先輩」は、「関西弁嫌いだよ」という難癖をつけては関西出身の新入生をど突き回すのだ。当然、ムカつくのだが相手は県内トップレベルの選手。実力以上に厳しいのは100キロ超級という階級で、当時の80キロ級の私では柔道ではかなわないし、ケンカでも勝てない。

それ以上に私を打ちのめしたのは、ある中学生の柔道選手との稽古だった。季節がちょうど初夏に差しかかった頃、宮崎市立大宮中学校の中学3年生の選手と稽古をすることになった。

こちらは高校生、向こうは中学2年生から上がったばかりの子供である。ところがまったく勝てない。「技が見えない」のだ。

柔道にはリズムがあって普通の人は技に入る時に1、2、3で投げに入るのだが、これはかなり高いレベルまで耐えることができた。ところが、その中学生は「2」の段階で、もう私を投げ飛ばしているのだ。

ボクシングで言えばノーモーション。加えて技のキレが鋭いのだから「見えない」という表現は決して大げさではない。驚いた私は、その中学生に尋ねた。

「どうやって技に入っているの？」

「こうです」

そう言いながら、見せてくれるのだが1、2で入る練習をしているのだ。2つの動作を1アクションに重ねて連動させなければ、こんな動きはできないし、やろうと思ってできることではない。

その中学生こそ、後にシドニー五輪で金メダルを取る井上康生氏だった。高校生を稽古相手に選ぶのは当然で、同じ中学生では練習にならないのだ。

柔道も含めて格闘技をやっていて負けたことはたくさんある。だが、次に対戦したら勝てると思う相手がほとんどだ。現在でも、井上康生氏にだけは「絶対に勝てない」という確信しかない。

しかも私たちが2時間練習した後、そこからさらに1時間、2時間残って黙々と稽古をしているのだ。天才に直接触れて力の差を知らしめられたことに加えて、努力でもかなわない。

加えて私は中学時代から喫煙者だった。それまで禁煙する気持ちにならなかったのは、「タバコを吸っていたって楽々勝てる」という気持ちで実際に勝利する経験が、私の自信を育てていたからだ。

人には奇妙に思えるかもしれないが、これが私独自の「王者」のメンタルだ。今日まで抱えたまま生きているが、本物の天才を前にするとまやかしに見えてきてしまう。

「本当にトップを目指している人間はそうじゃないんや……」

もはや大阪で育ててきた柔道選手としてのプライドは粉々に砕けてしまった。

男の子だから一番を目指したいという気持ちはあるが、「怪物を相手にどうやって一番になれるの？」という気持ちになってしまう。

同時に私の柔道に対する情熱は急速に冷めていったのである。

闇討ち計画と脱走

私の精神状態など知ることもない高校3年生の先輩は変わらず暴力を振るい続けてきた。本当なら夏休みに行われる新人戦には出たかったのだが、限界が来たのだ。

「んなら辞めるわ」

8月のある日、関西特待生組3人の心の糸がプツリと切れた。

私の場合は紹介してくれた先生の顔を潰してはまずい……ということもアタマをよぎったが、それ以上に、追い詰められている。決断すると行動は早いものだが、心残りなのは、私たちを痛めつけた先輩だ。どうせ辞めるなら、絶対に一撃を食らわしたい。とはいえ柔道で勝つことはほぼ不可能だし、ケンカも難しい。

「寝込みを襲おう。最後に一撃食らわして辞めてやる！」

という襲撃計画が練られたのである。関西組で入念に打ち合わせ、

「いよいよ今夜、決行や！」

となり、

「俺が一番に行くわ」

と意気揚々と名乗りを上げた。今までのツケを全部払わせてやるつもりだった。全員で示し合わせて、いよいよ…という時、

「旭、ちょっと待ってくれ」

と声をかけてきたのが、ダブっていて鵬翔に入学していた人物だ。

「俺はもう2回目や。親を悲しませたないし、俺はここを卒業したい」

関西特待生組唯一の年上はこう訴えてくるが、こちらも引くに引けない。

「ほな、どないすんねん！」

「辛抱してくれ、頼むわ！　親を悲しませたないねん」

わずかに押し問答が続いたが、親を出されるとこちらも強くは言えない。その時、

本当に悔しくて涙が流れてきた。結局、そのまま神戸の亮太と宮崎を後に自分の地元へと向かう。柔道に冷め、ひたすら体罰を受ける環境から逃げ出したということだ。

大阪に帰ってくると、道場の先生は猛烈に激怒した。

「お前、何帰ってきてんねん！」

「僕はもう行きません」

あの環境には戻りたくないという気持ちは強く、私は頑なだった。

行くあてもない16歳の私を捕まえたのは、栗本道場の先輩だった。8歳ほど年上の、その方は大阪産業大学柔道部出身で、私を何度か産大の稽古に連れていってくれた。

その時、私の実力を見てくれた先生が、

「こいつ、まだ使えるなぁ。ほんなら、取ったるわ」

とおっしゃってくれて、私は大阪産業大学附属高校の推薦入試に挑むことになったのである。だが私は、高校にまた通えることを諸手を挙げて喜ぶわけにはいかなかった。その高校は大阪府ではベスト4くらいの強さということで、いる選手もそのクラスということになる。つまり県外にスカウトされた私と比べると、格落ちだ。

その上で私は1年遅れての再入学ということになる。つまり中学時代に戦っていた1つ下の人間と同学年になってしまうということだ。

柔道も含めて武道系は厳しい縦社会ということで、かつての同級生は1学年上で敬語を使わないといけない。当然、かつての同期に体罰でど突き回されることになる。鵬翔で闇討ちを直前になって中止した人物と同じだ。

彼は体罰に我慢できた。だが私は自分よりも「弱い」と知っている相手からど突かれて我慢できるタイプではない。しかも同じ中学の元同級生が2人もいるのだ。ど突かれたらど突き返してしまう自信があった。

モヤモヤした気持ちで入試会場に行ったが、ケンカを売られて買うことになった。そのことで入部しても確実に降りかかる体罰に対して報復する自信は、確信になる。試験自体は合格して合格通知は来たものの、手続きをせずにそのままとなった。

こうして私は私をどうにかしようと動いてくれた大人の手を振りほどいてしまった。あまりの不義理に合わす顔はない。

そうして虚無な生活に身を埋めることになっていくのである。

誕生「サップ西成」

蓄積したダメージに肉体が悲鳴を上げ引退。
再び「輩」に戻った私は、あてもない迷走を繰り返し
地下格闘技に流れ着いた。

放蕩

高校進学を辞めてしまってからの私は、行き場もなく街をプラプラするようになる。西成には闇社会の組織が深く入り込んでいたが、そういう組織に入りたいとは少しも思わなかった。薬物売買の裏側には必ず、暴力団が存在する。薬物撲滅派の私が快く思わないのは当然だ。

現在ではパラサイトや寄生虫という言葉があるが、母子家庭では吸い取るモノがない。貧困だと自宅警備隊になることもできないのだ。

母の知り合いのペンキ屋に働きに行くこともあったのだが、夜中まで遊ぶと朝起きることができない。だから、その仕事にも行ったり、行かなかったりという感じだった。

自分が経営者だったら、間違いなく「クビ」にするタイプのダメ人間である。いや、当時の自分のだらしなさを思い出せば、しばいてもおかしくないほどの体たらくだ。

その時の私の主収入はパチスロだった。1990年代には朝の集客率をアップするために、店側が「モーニング設定」なるサービスを設けていた。大阪の「モーニング」は派手で、私の行きつけのホールでは、10台に1台くらいの割合で、必ず1枚でかかる（当たる）設定になっていたのである。

当時は整理券などなかったので「力技」が機能した。年下に開店前からパチスロ屋に並ばせて、シャッターが開いたら猛ダッシュで入店。反復横跳び＋ヘッドスライディング状態で10台くらいにライターやらタバコやらを置いて回らせ「予約」のマーキングをする。

まさにパチスロ店で毎朝、繰り広げられる「福男」だ。

モーニング設定されているものは1枚でも「かかる」ので、当たり台を集中して攻めれば、だいたい5500円くらいの儲けになる。後は後輩にバイト代として1500円、自分が4000円を分け合って一日の労働は終了、という日々だった。

昔は「ヒッピー」に相当するフーテンやプータローという呼び名があったそうだ。

当時の私に一番近いのは「ニート」だが、私の場合は引きこもりがセットになっていない。西成には小さい暴走族のような集団がたくさんある。10人くらいが集まって、「ミナミ（大阪市中央区の難波・心斎橋・道頓堀・千日前を中心とした繁華街）の方にケンカしに行こうぜ！」と連れだって流血の練り歩きに出かけるのである。

こうした集団の呼び方は難しい。「愚連隊」というほど大げさではない。暴走族と言えば暴走族なのだが、私も含めて所属していない人間もいるのだから「暴走族」とも言い切れない。

仲間の集まりとはいえ一応、1歳年上の先輩がリーダーだった。しかし私はリーダーとため口で話すほどのゆるさだった。

なので、言ってみれば「輩(ヤカラ)の集団」だ。

ケンカ相手を求めてプラプラと街を徘徊するのだから、ある意味では一番タチが悪い。ところがそういう集団が繁華街に集まるのが大阪の特徴だ。当たった、触ったですぐにケンカが始まるのだから退屈することがない。

もちろん、「輩の集団」の中で一番強いのは、柔道という本当のアスリート経験がある私である。

修斗への誘い

第三者から見ればクズのような生活だが、そんな生活を数年続けたのだ。今になって当時を振り返りながら冷静に文字にしてみると、自分自身、やや顔を赤らめたくなるほどのクズっぷりである。

しかも、この放埒な生活は恩人の栗本先生を裏切って始まったのだ。

しかし20歳ぐらいの時、その不義理が向こうから突然、現れた。街を歩いていると、

「お前、何してんねん！」

という罵声が浴びせられたのである。誰や？　と思って振り向くと、やや怒気をはらんだ笑顔で立っていたのは、大阪産大に連れていってくれた、あの先輩だ。

「すみませんでした」

逃げた負い目がある私は、平身低頭で謝るしかない。先輩は風の噂で私の評判を耳

にしていたようで、こう怒った。

「お前の噂は聞いてんぞ、やんちゃばっかりしやがって。それやったら1回、道場来い！」

一瞬、栗本先生の顔を思い浮かべたが、たぶんその時、私の目が全力でクロールをしていたのだと思う。不義理を考えれば、栗本先生に会うことなどとてもできない。そんな私の心情を察した先輩はこう言ってくれた。

「時間も経ってるから、もう大丈夫やから、道場来い」

おずおずと道場に入ると、やはりそこには先生がいた。先生は積年の恨みを晴らすということではなく、

「アホか、お前は」

と、優しく怒ってくれた。

その言葉の1つ1つに私への愛情があった。ただし当時の私は、そういう無償の愛情、あるいは慈悲という感情に対して、どう返せばいいのかがよくわからなかった。

今、職場や道場で若い人や選手と接する時にモデルにしてるのが先生だ。もちろん、

まだまだ、その域には到達していないが……。

その道場で大阪産大出身の先輩は私にこう言った。

「お前、やんちゃばっかりするんやったら、うちのところ練習に来い。修斗(しゅうと)っていう格闘技があるから、お前、試合に出てみろ」

日本発の総合格闘技

「修斗」とは、日本発にして世界初の総合格闘技団体で、打撃と組み技の高いレベルでの融合「打投極（だ、とう、きょく）」を理想としている。

修斗は1984年に、初代タイガーマスクとして一世を風靡した佐山聡氏が自身の格闘技理論の研究と実践のために「タイガージム」（後にスーパータイガージムに改称）を開設したことから始まった。

「タイガージム」創世記には、格闘技を既存のものとは違うという意味で「新格闘技」と名付ける。「新格闘技」はその後、「シューティング」と名前を変えた。

プロレスでは一定の取り決め「ブック」を逸脱した「真剣勝負」を「シュート」と呼ぶが、その「シュート」をもじって「シューティング」としたのである。

ところがシューティングは射撃競技の名前だ。そこで混同を避けるために、「斗いを修める（たたかいをおさめる）」という意味で、「修斗」の文字が当てられて現在に至っている。

佐山氏は、プロの技を1つ1つ言葉で説明し、素人である生徒に対して身体で実践的に指導した。

この指導メソッドと、技へのアプローチが現在の総合格闘技の源となっている。初期には技術の体系化や専用のヘッドギア、オープンフィンガーグローブ、レガースの開発も行われた。また、ルールの統一、医療面のサポート。不正試合防止のためのルール統一や、審判の管理、ライセンス発行、管理などを行うコミッションを創設した。

まさに現代の格闘技がすべてそこにあったのだ。修斗の思想がなければ現在の総合格闘技は存在しなかったと言えるほど、その功績は大きい。

競技としての修斗はアマチュアとプロに分かれ、アマチュアは１９８６年から、プロは１９８９年からスタートした。

アマチュア修斗は「アマ修斗」と略され、現在では北海道・東北・関東・東海・北信越・関西・中国・四国・九州・沖縄の10ブロックで地区選手権大会が開催され、全日本選手権を目指す。

本物の格闘家のオーラーに痺れて…

この時、先輩が連れてきたのが、当時、アマチュア修斗の関西トップ選手だった宮崎裕治選手である。１９７１年5月10日生まれで、後にプロに転向しパンクラスなどで活躍する。

２０１３年8月時点での宮崎選手のプロフィールは、

23年を超える柔道歴（三段）と、2年を超えるボクシング経験がある。柔術黒帯。

プロ柔術戦績：3戦3勝
コンバットレスリング戦績：4戦3勝1敗（時期不明）
全風連所属・全風連会長

となっている。

私と出会った当時の宮崎氏はアマとして、ピークに向かう時期だった。1998年には西日本アマチュア修斗 ウェルター級で準優勝を、2001年には柔道大阪実業体重別選手権—73キロ級で優勝と、2つのタイトルを手にしている。

この時の私は路上でのケンカに少し食傷気味だった。本物を相手にした時の緊張感に飢えていたからだ。ところが目の前の宮崎氏がまとう雰囲気がまったく違う。動き、顔つき、目つき…そのすべてが明らかに、本物の世界の住人であることを示していた。

当時も私は強さを求めていた。その目的達成のためには再びアスリートに戻る他ない。とはいえ、今更という気持ちは拭えない。だがケンカばかりしていても出口がないことは明らかだった。

ものすごく当然の話だが、ケンカは一銭のおカネにもならない。むしろ逮捕されるリスクの方が大きく、捕まれば損失の方が多くなる。間もなく20歳になる時に、こんな不毛なことに没頭していていいのか——そんな迷いを抱えている時、「修斗」が降ってきたのだ。何かのタイミングかもしれないと思いながら、先輩のところに練習に出向いた。

格闘技を経験していない人は、すべての指導者がリングとロープが張られたジムを所有していて、選手は月謝を支払ってその施設を使ってトレーナーに指導されながら技術を磨くと思うだろう。

それは大都市のごく一部の大手の話。特に格闘技が盛んな大阪では、指導者も多いし、専用ジムを作って維持・管理する規模の資本を全員が持っているはずもない。指導者の多くは公共の体育館などの運動施設を1時間500円程度の値段で借りて、手弁当で指導するのだ。

軽量級選手に手もなくひねられた

こんな粗末な施設でまともな選手など育つはずがないというのはまったくの誤解だ。なぜなら修斗は小規模の施設で技術を向上させるメソッドを開発していったからである。

選手は自分に合ったトレーナーを選んで、そう高くない月謝で最高のトレーニングを受けられる。トレーナーも体育館できちんと指導ができて、うまくいけば配下の選手を見つけることもできる。

修斗は瞬く間に格闘界に浸透していった。他の競技から修斗に参加する選手も増えていった。

はたして先輩のところに行くと、そこにいたのが、まだアマ修斗のリングに上がる前の軽量級の外薗晶敏選手だった。やはり柔道から流れてきた選手である。

ボクシングでも空手でも柔道でも「体重」は極めて重要な意味がある。体重が重ければ重いほど破壊力は大きくなる。しかし、ボクシングを例にすれば広背筋や身体全体の連動性などによって定まるパンチ力は才能だ。

パンチ力の才能に恵まれない選手は、減量によって階級を下げて戦わなければ勝利する可能性が小さくなる。多くのボクサーが「減量」をするのは、少しでも勝つ確率を増やしたいからだ。

このように格闘技と体重の関係を知れば、多くの団体を統一して4階級まで制覇した井上尚弥選手の偉業が、どれほどのものなのかを理解できるだろう。

究極的に言えば、ほとんどのケースで体重の軽い選手が、体重の重い選手に勝つことはありえない。物理法則ではエネルギーは速度の二乗に比例し、重さに比例する。計算の上では速さは重さに勝るが、重い選手も速く動く上、そこに技術が加わるのだ。

体重差の壁は、想像以上に大きい。

外薗選手のアマ修斗の階級はフェザー級で、65・8キロ。一方で私の体重は85キロだ。同じ歳で柔道出身。いくら修斗に取り組んでいるとはいえ、負けるはずがない…と思っていた。

ところが先輩は私にスパーリングをしろという。

開始前の私はむしろケガをさせないようにしなければ…と本気で心配していたのである。ところが始まってみれば、「ムチャクチャ入れられる」やられ放題となった。路上のケンカでほぼ負けなしの私が、両肘の関節を極められてタップもできない。

結果、靭帯断裂とボロクズである。

「俺は井の中の蛙だったんや」

そう思い知らされたのである。

外薗氏は2001年9月に第8回全日本アマチュア修斗選手権 フェザー級で優勝、すぐにプロ修斗に転向して2003年修斗フェザー級新人王を獲得。その3年後の2006年7月には、第4代修斗世界フェザー級王者に君臨する。

「負けたら引退」を公言していたが8試合6勝2分と負けなしで2000年代を駆け抜けて引退した。

その後の戦績を考えれば元から強かったとはいえ、体重差20キロ以上をものともしない修斗の奥深さに私は心底感心した。その感動を原動力に私は修斗にのめり込んで総合格闘技の世界に向かう。

勝利の味

浪花フリーファイトでのアマ修斗デビュー戦で私はKO勝ちを収める。その試合を、何人かの友人が見に来てくれていた。驚いたのは自分ではなく他人の私が試合で勝ったのに、

「旭、お前、強ぉなったなぁあ」

と感心しながら、本当に喜んでくれていることだった。当事者の私は、

「あれ?」

と、むしろ不思議な感覚に陥った。

16歳で柔道から逃げ出して以来、路上でケンカをしてきてケンカ番長となった私は、言ってみれば「いじめっ子側」の人間だった。だから私に対する周囲の感情は恐怖や畏怖である。

「俺はビビられてるなぁ」

と思っていた。そういう感情を持たれることが優越感につながる人間もいるが、私の場合はそうではなかった。むしろ寂寥感を抱きながら生きていたのだ。路上でのケンカは、

「何してんねん、あいつ」

と嫌われる結果にしかならない。社会が暴力を認めるはずもなく、その行使者は陰で文句を言われ、疎まれるだけだ。一方で、リングの上では試合で勝つと、本当に喜んでくれる。

「ここでの暴力は許されるんや」

「この暴力は、応援してくれるんや」

「リングの上の暴力は、絶賛されんねや」

私はリングの上で勝つ喜びを知った。実に20歳までこうしたことに気がつかなかったことが哀しいことだと気がついたのは、もっと後になってからだ。

こうして私は全国の様々な大会に出場するようになり、柔道同様にトントン拍子に

勝利を重ねていった。関西や西日本で準優勝、あるいは別の大会では全国優勝をするまでになる。

ライトヘビー級という日本では珍しい重量級の総合格闘技選手として期待されるようになっていったのである。

格闘家に付きまとうもの

今日でこそYouTubeなどの動画系SNSが普及し、その媒体を軸に収益を得るビジネスモデルが確立している。もはや「格闘家？」と首を傾げたくなる層の人でも「格闘家」を名乗って、リングではなくエンターテインメントでおカネを稼ぐことができる時代だ。

もちろんこうした状況を私はまったく否定しない。引退して路頭に迷う元プロがいかに多かったことか——そのことを考えればむしろ喜ばしいことである。

ところが当時の格闘界は頂点に立つことしか格闘技で食べていく手段がない。それでもボクシングや相撲などマーケットがきちんとできている競技でさえ、一握りだ。創世記の総合格闘技では、たとえプロになっても、それ一本で食べていくにはかなり高い壁があった。だから選手はプロレスやキックボクシングなどと兼業して、スポンサーを探して、どうにか糊口を凌ぐのである。

プロの世界でさえ厳しいのだから、アマの収入など期待できるはずもない。当時の生活費は変わらず例のパチンコやパチスロ。後は母親の知り合いのペンキ屋さんでのアルバイトである。

おカネはなかったけど、なんとか食っている…そんな感じだった。

一方で私の身体に蓄積されたダメージが、徐々に傷となって噴出し始めていた。中学校の時には柔道で腰椎横突起を骨折。またヘルニアと座骨神経痛は慢性的に私を痛めつけた。そこに加えて最初の修斗の肘の靭帯断裂、靭帯については膝の内側と、足首もすでに部分断裂していた。

仕事でかかとを骨折したのは「おまけ」のようなものだ。

ところで皆さんは「痛み」ということについて考えたことがあるだろうか。実は「かゆみ」は痛みの一種ということで、痛みは奥深いものなのだ。

「老いとは痛みを抱えることである」

と言う人がいるように、格闘技の経験があろうがなかろうが、年齢に比例して「身体の痛み」は増えていく。リウマチが典型的だが、そうした痛みのほとんどは根治できず、共生することしかできない。

そこで医療の現場では痛みを緩和するペインコントロールが開発されていった。末期ガン患者の緩和にはモルヒネが用いられることがあるが、アメリカでは痛みのコントロールにも適用された。結果、中毒になる事態も生まれた。

そこで適合した薬を使用するメソッドを確立するために「痛み」の正体が研究される。あらゆる研究の結果、1つわかったのは「慢性的な痛み」が、前頭葉を萎縮させることだった。

それほど痛みは深刻なダメージを人間に与えるということだ。

ところが格闘家がかかる医者の中には乱暴な人がいる。膝の靭帯を断裂すれば手術でつなぐか、人工靭帯を移植することになるのだが、

「治療をしたとしても、格闘技を続けるんやったら一緒やで」

と言われるのである。その上で、

「引退した時に、私生活に支障をきたすようだったら手術をしましょう」

と説明されるのだ。

私の医者もそのタイプであった。格闘技を職業としているプロならできるだけ選手寿命を延ばさなければならないが、私はアマチュアだ。

第三者的には趣味の延長にしかみえない。

医者のアドバイスはある意味で的を射ていて、治したところで、競技を続ける限りは再発する結果が待っている。ということで私は痛みが取れるまでは湿布や氷で冷やすだけ。根本的な治療を行わずに今日まできている。

現在の私の身体はボロボロだ。

さらに当時の私は家庭を持ちたい相手がいた。おカネ持ちの家の娘さんで、私自身、きちんと仕事をする生活にならなければと考えざるをえなかったのである。

20代の入り口で修斗にハマって約3年経っていたが、私は24歳で引退を決意する。

燃える場所を喪失したショックは考えている以上に大きかった。結局、家庭を持とうと思っていた相手とも結婚せずに、私は数年間、再び放埒の日々を送るようになってしまったのである。

地下格闘技に参戦

以前のプラプラした生活を続けてきた私だが、29歳の時に家庭を持つ。ようやく自分も家族を持つようになったのか…と思う暇もなく、当時、仲のよかった先輩がこう私に言ってきた。

「ど突いてカネがもらえる、ええシノギあんぞ」

どうせケンカの助っ人だろう。なぜ新婚早々にパクられるリスクを負わなければならないのか意味がわからない。

「なんですか？　嫌ですよ、悪いことするの」

私はすぐさま断った。ところが先輩は首を振る。

またリングに上がれというのである。ちょうど、嫁は安定期に入るか入らないのかの微妙な時期になっていた。

「やめときますわ」

いくらだらしのない生活を送ってきた私でも、できることとできないことがある。何より複雑な家庭環境で育ってきたのだ。自分の家族を同じ境遇にしたいとは思わない。ところが先輩は煽ってくる。

「なんやお前、終わっとんな、街でケンカすんのに」

どうも私の負けず嫌いな性格は見抜かれていたようだ。家庭と格闘技、どちらを取るのか1時間ほど悩んだが、結局勝ったのは感情だった。ムカつきが収まらない私は、

「俺、行きますわ」

と返事をしてしまう。

こうして私は格闘技大会「喧王（けんおう）」に出場することになった。

「喧王」は2005年12月にできたばかりの大会だった。「ケンカ」の「喧」の字が

使われていることが大会の性格をよく表している。街でケンカをすれば逮捕リスクが付きまとう。だったらリングの上でケンカをして、ケンカ王を決めようというコンセプトの大会だ。それゆえルールは制約の少ないバーリトゥードに近い。

実は私への誘いかけには裏があった。「喧王」の運営サイドにいた人物が、

「西成から強い選手を出したい」

と選手を探していたのだ。西成にはその年、その年に「ケンカ番長」のような人物がいる。「喧王」運営サイドは自分と同学年から探し始めて声をかけるのだが、すでに家庭も仕事も持っている年齢だった。

「出ぇへんよ」

と断られては下の世代、断られては下の世代と下っていくうちに、私の7つ上の兄に問い合わせがあった。

「お前の弟、強くなかった?」

こうして回り回って先輩が私に声をかけてきた。不良の世界はどこかで誰かがつながるSNSのようなものということだ。

誕生「サップ西成」

ややアンダーグラウンドの雰囲気が漂うことから、こうした格闘技大会は「地下格闘技大会」、略して「地下格」と呼ばれる。

「不良達ヨ、覚醒セヨ」のキャッチコピーで、全国から暴走族、ギャングのリーダー、力自慢を集め、いわゆる「不良」の格闘技大会「THE OUTSIDER」が始まったのは、2008年のことだ。

資本力を土台にしたプロモーションによって、全国では「THE OUTSIDER」こそが地下格の「元祖」と思われがちだが、実際は「喧王」の方がはるかに早い。

だから関西人、特に大阪地下格闘技人は、

「自分たちこそが地下格のフロンティア」

という自負と誇りを持っている。

返事をしてから試合までは1~2カ月くらいの時間があったと記憶している。その時の私が大会に向けて練習をしたか？　と問われれば、答えは「ノー」だ。ノーアップで試合に出るようなものである。

こちらは準備をしていないのに、先輩は入念な準備をしていたようだ。いきなり、

「サップ西成か西成サップかどっちにする？」

と選択を迫られたのである。

当時、私は日サロに通っていて、肌を黒く焼いていた。そこで2002年からK-1やPRIDEに参戦して「ビースト」の愛称で人気を博したボブ・サップ選手をもじったのである。

だが当時の私にとっては二者択一の問題ではない。なぜなら、どっちにしも恥ずかしいだけだからだ。そこで、ぶっきらぼうに、

「どっちでもいいですわ」

と答えた。

ところが後で自分の出場する「喧王」のパンフレットを見ると、私のリングネームは「サップ西成」になっていたのである。投げやりになって任せたとはいえ、文字に

なって目に飛び込んできた時の「やっちまった感」はハンパではない。

顔が赤らむほどだ。

こうして大会が始まったのだが、私は下馬評を覆してあっさりと優勝する。肝心の「しのぎ」は10万円だっただろうか。

8人程度のトーナメントで2～3試合やって、会場までの交通費、食事代等は自腹で優勝賞金10万円は地下格闘技の1つの相場だ。「人をど突いて逮捕もされずにカネまでもらえる」と考えている人にとっては十分だし、「あれだけ身を削ったのに…」と入れ込んだ人にとっては不十分だが。

結局、私は第4回、5回、6回大会のチャンピオンになる。

最強の地下格への誘い

このように王座を維持し続けた私だが、胸中に大きな問題を抱えていた。どうしても勝利と気持ちが嚙み合わないのである。

博打は勝つだけではなく、負けるリスクがあるから面白い。もし確実に勝つとわかっている博打があれば、それは無限のＡＴＭだ。

地下社会には目上の人が配下の人などからの集金を目的とした、「絶対負けない博打」が存在するが、のめり込む人はいない。理由はシンプルで1つも面白くないからである。

「喧王」は頭突きありなど、結構、過激なルールが設定されていたが、「地下」とはいえ、やはり「格闘技」である。まだ現役のケンカ屋だった自分にとっては、路上より安全だった。

自分で自分の強さを知っていた私にとって、このレベルだったら優勝して当たり前。私にとって「喧王」は出場すれば勝てるという「勝利のＡＴＭ」としか思えなかったのである。

修斗で初めて勝利した時の高揚感はまったくない。いくら勝っても「別に」という冷めた感情しか残らなかった。

しぶしぶリングに上がるわけではないが、「まぁ…やるか…」という気持ち以上にはならない。相手のレベルというよりも、燃えるものがそこになかったのだ。だから練習もほとんどしなかった。

その時、私に、大阪でまったく新しい地下格闘技団体を創設する話が飛び込んで来た。

「もっとレベルが高い、高みを目指す」

「大阪発で全国を相手にする地下格大会を開催しよう」

「プロも相手にしよう」

というコンセプトを掲げていたのである。

「喧王」との違いは「メジャー感」だ。街のケンカ自慢が集って1番を決める「喧王」は、「地下」を意識しすぎて常に「内輪」に閉塞するイメージだ。規模も「街」が土台になっているので、選手も知り合いの知り合いのように人的つながりがある。

実際に私が捜し当てられた経緯はそれだ。

本書で構成を担当しているアンディ南野氏は「喧王」を「クラブファイト」と評するが、かなり正しい評価なのではないか。アメリカの街中にある酒場で起こるケンカを、リングの上でやらせるようなデザインになっていたからだ。

一方で新しい地下格闘技大会は、「メジャー」を前面に出して「地下色」を味付けに利用している。不良などアウトローからも選手を集めることで格闘技の持つ荒々しさや怪しさを醸し出しつつ、内容やプロモーションについてはアマチュア以上、プロ未満のハイレベルな格闘技を観客に見せようというのだ。

このコンセプトが私の心に火をつけた。話を聞いた私は、その場で運営側に、

「出たいです」

と申し入れる。こうして2007年、格闘技団体「X（仮名）」が創設されたのである。

地下発のメジャー団体

あえて繰り返すが「X」の立ち上げは「THE OUTSIDER」より早い。第1回大会開催に向けて多くのメディアを集め会見を行い、オープニングビデオも製作

された。

その時のグレイシー一族の雄、ホイス・グレイシー氏を呼んだことが「X」の目指す方向性を体現している。その時、私はホイス氏の寝技の相手を務めたが、ホイス氏は立ち上げに際して英語で、

「何にでも可能性がある。だが才能だけでは前に進めない。タフにならなければ進めない。懸命にトレーニングをすれば必ず可能性は広がる」

と声援を送った。

まさにメジャーと地下格の融合である。

運営側は「喧王」で強すぎる選手が出てきていることに触れ、そうした選手を集めた大会を作ったとした。悪さをしている人間を集めているのではないことを強調した上で、

「大阪のコやから、気の短いコや、ある程度、プライドを持っているコが、Xのコンセプトに惹かれて自然に集まってきた」

とアナウンス。大会の目指す方向性として、

「若い時にケガをしたり、挫折をしたり。経済面で格闘技を続けられなかった人たちがようさんいる。そこでプロに行くための登竜門的な大会を作れば、華やかな舞台に行きやすいのではないかと思った」

とした。また、

「大阪発で北海道、沖縄などのチームとチーム戦をやったり、ワンデートーナメントをやってみたい」

として、この地下格闘技大会が「大阪発」であるという部分を強調している。ご存じのように大阪は地元愛が強い地域だ。特に在阪地下格闘技の選手達を奮い立たせたのは打倒・東京である。運営側は、

「首都は東京というのもあるが、東西対決で、大阪の選手が日本一であることを示してほしい」

とぶち上げた。まさに私が惹かれたものすべてが、そこに凝縮していたのである。

「X」は当初の宣言通り大躍進を続けたが、まさか自分が裏方としても、その最前線に立つことになるとは…。さらに私に過酷な試練が待ち受けているとは、当時の高揚した私には知るよしもなかった――。

part 3

大阪発日本一の地下格大会

大阪発の日本一の地下格大会でスター選手となり、
格闘家としてピークの時間を過ごした私だが網膜剥離で引退。
運営トップに転身するも暗雲が立ち込め始める。

総合格闘技の本場・アメリカでプロと闘う

「X」創世記の頃、運営側が、突然、私にこう尋ねてきた。

「アメリカから試合の話が来ているけど、どうする?」

しかも相手はアマチュアではなくプロで規模は5~6000人と、そこそこの大きさの大会だ。格闘技の厳しさを骨の髄から知っている私は、

「そんなん、ムリムリ」

と断るのだが、運営側は、

「3対3の対抗戦や」

と、是が非でも行かせたい様子だった。

前述したように「X」には喧王で強すぎる選手が集まっている。乗り気になったのはそういう選手たちで、

「行きたいです!」

と言い出してしまった。そこで私も渡米せざるをえなくなってしまったのである。今日でこそネット放送が当たり前になったが、当時、日本で格闘技を放送することは大変だった。スポンサーを探してきて制作会社とテレビ局をつなぎ込まなければならない。そのつなぎ役がお馴染みの電通であり、博報堂だ。

ところがアメリカでの放送はＰＰＶ（ペイ・パー・ビュー）。観たい人がおカネを支払って観る仕組みだ。ＣＡＴＶ（ケーブルテレビ）の仕組みが普及しているから成立するシステムだったが、放送のハードルは低い。

こうした有料コンテンツのビジネスモデルに支えられて創世記の総合格闘技は成長していったのである。しかも私が出場する大会の解説をしていたのは、あのパット・ミレティッチ氏だ。

ミレティッチ氏は１９９０年代後半に活躍した総合格闘技の選手で、初代ＵＦＣ世界ウェルター級王者、ＵＦＣ16ウェルター級トーナメント優勝と２つのタイトルホルダーだ。２０２４年３月時点の生涯成績は39試合29勝８敗２分。引退後もミレティッチ・ファイティング・システムズを設立し大成功を収め、２０１４年７月６日に、Ｕ

FJ殿堂入りを果たしたレジェンドである。

当時は1度目の引退をした後だったが、このクラスの解説者でも大会が成り立つのがアメリカのコンテンツ業界の懐の深さだ。

私の出番は最後だったが、UFJの伝説を前にいいところを見せたい気持ちは強い。ところが、前の2人は早々に敗北してしまった。

オファーの時に渡された資料の写真で、私の相手が白人選手だったことは知っていた。ところが相手はルール・ミーティングにも計量にも顔を出さない。そこで対白人のイメージを固めながらリングに上がると、出てきた相手はバリバリの黒人だ。

断じて言うが、これは人種差別の話ではない。

スポーツ未経験者に限って、スポーツに人種は関係ないと言う。五輪競技に白人も黒人も黄色人種も関係ないと言うのだ。だったらなぜマラソンの上位がアフリカ系で占められるのかを説明してほしい。

スポーツの優劣は身体能力と文化の融合で決まる。アフリカ出身のサッカー選手の能力は極めて高いが、代表チームとして勝利できないのが、その証左だ。

ＵＦＪでも明らかなように白人と黒人の強さは圧倒的だ。だが、白人と黒人では重さや速さなど強さの「質」がまったく違う。事前に白人をイメージしていた私は、対戦相手を見て、

「ウソやろ!?」

と驚いた。しかし、日本からは20～30人が応援に来てくれていたこともあって、みっともない姿は見せられない。

動揺は試合に表れてしまう。第1ラウンド、私は、黒人選手に打撃でボコボコにやられてしまう。終盤で腕に十字を決められて完全に伸びて、

「ヤバいな」

と思ってタップしようとしかけた時……目に入ってきたのが、日本からの応援団だった。

「こりゃ、タップできないな…」

と、折られる覚悟をした瞬間、ゴングに救われたのだった。

すでに腕が伸びきってしまっているから、動かせないし曲げることもできない。そ

の状態で第2ラウンドに入った。

ボロボロの私に残されたたった1つの手段が「特攻」である。ところがどうしたことか、少しでも爪痕を残そうとヤケクソ気味に力任せに左フックを打ったら、クリーンヒットしたのである。

驚いたのはそこからだ。あれだけ優勢に試合を進めていた黒人選手が、私の「KAMIKAZE」に明らかに動揺しているのだ。たった一発でメンタルを削られた相手に、私は試合を優勢に進める。

終盤には馬乗りになって相手をボコボコに殴る私。相手が後ろを向いた瞬間、レフリーストップが入ったのである。

「勝った！」

私が両手を上に突き上げようとしたところで、なぜか審判が出てきた。英語もわからないので、何が起こったのかきょとんとしていると、後頭部を殴ったということで反則負けになってしまったのである。

ボクシングでもMMAでも後頭部や脊髄への打撃は禁止のルールが設けられている。

人の生命を司る部位だけに、場合によっては残りの人生を生活できないほどのダメージを与えてしまうからだ。

実際にそうなった選手は多い。

そのことを知っている私はきちんと打撃を止めた。しかし、審判は後頭部に触れてしまった手を「加撃」と認定したのである。どう考えてもホームタウンディシジョン、つまり「地元有利」の判定だ。ところがアメリカのお客さんは目が肥えていて、素直に感情を出す人が多かった。

「お前、レフリーにやられたな」

「よくやった、本当に残念だったな」

「お前の勝ちだ」

と、口々に日本から来た「侍」を激励してくれたのである。

このように格闘家として3度目の再スタートは順調そのものに見えた……。

遭遇

ちょうどこの頃、私たちのグループがミナミで違うグループとケンカをしていた時、別なグループが乱入してきたことがあった。「助っ人か？」と思ったが、どうも違う。意味もわからずに参戦してきていたのだ。

その不可解な乱入グループにいた男がしつこく私に突っかかってきたが、私はその人物が誰なのかがわかった。2008年、喧王に参戦し、大阪での試合回数を増やした東京の地下格選手だ。特徴のある顔面の刺青を覚えていた。

その人物こそ瓜田純士氏である。

瞬間的に実力を把握した私は彼を躊躇なく引きずり回して、極めようとした。止めたのは先輩だ。約30人の大乱闘は話し合いで終わった。

重量級でストライカーの私の試合は展開も結末も華があるということもあり、私は瞬く間にXの看板選手の1人になった。私も輝く場所で、格闘家として一番楽しい時間を過ごしていたのだと思う。

ファンも付いてスター選手になった当時の私が特に嬉しかったのはボランティアだった。

創設翌年の2008年に、「X」の主催母体の1つが「青少年育成事業団」を設立。大会収益金の一部を児童養護施設への寄贈や、施設への訪問に使っていた。堺ジャーナルには、大型テレビの寄贈を受けた児童養護施設・東光学園園長の喜びの声がこう紹介されていた。

「青少年の健全育成を目指して若者達に活躍の機会を提供し、格闘技を通じて痛みや喜び、協調性等を培うことを目的とした活動に対し敬意を表します。一人でも多くの若者達が自信をつけて、大いなる夢に向かって巣立って行くことを心より願っています」

幼い頃飢えに苦しんだ私にとって、施設の子供たちへの炊き出しは格別だ。

クリスマスには大手ファストフード・チェーン店などが差し入れをしている。だが、子供の食べる量には限界がある。こういうことは「飢え」を経験した私にしかわからない。

だから私はクリスマスの日ではなく、あえてズラして提供することを提案した。そうすれば子供たちは2度、イベントを楽しむことができる。

「ほっぺた落ちる準備しといてな〜」

目を輝かせてできあがりを待つ施設の子供たちに、こう声をかけながら、「サップ西成選手」として屋台で焼きうどんを作っている時間は至福そのものだった。

その日

だがその日は突然、訪れてしまう。

2009年12月3日、X「Vol．5（第5回大会）」の最終第16試合。選手入場口バックヤードで、私は精神を研ぎ澄まし、「ど突く」というたった1つの気持ちに純化させていた。

それは深海の底に独りで沈んでいくような作業だ。拍動、呼吸を自覚する。周囲の

地下格とは思えない規格外の演出が行われた

音は消えていく。その静寂を突如打ち破ったのが私の入場曲、ＳＨＩＮＧＯ★西成の「パーティといてまえと私」だ。

曲に合わせて踊る女性ダンサーの間から登場する私。会場は沸き立っている。爆発するようにアドレナリンが噴き出し、全身の毛穴が広がっていくのを感じる。

対戦相手は強豪、ヒロ三河選手だ。

ヒロ三河選手は１９８０年1月26日生まれ、茨城県神栖市出身。２００３年頃、元キングダムの布施智治選手が千葉県銚子市を拠点に開催していた「ファイターズ　ファクトリー」で活動を開始。格闘チーム「三河幕府」を創設し、自身も所属している。関東の選手だが「喧王」を舞台に関西に乗り込んできた。２００９年に重量級キングオブ喧王のタイトルを獲得した。「ミスターフルボッコ」のあだ名はダテではなく、典型的なストライカーである。

同じストライカー同士の対決で、壮絶な撃ち合いになることは間違いない。想定した通り第1ラウンド前半からハイレベルな打撃戦の攻防が繰り広げられた。

この試合は2ラウンド制で、ドロー判定の場合は延長。グラウンド10秒ルールだった。試合は膠着することなく撃ち合うのだが、拮抗して優勢に持っていくことができない。

そこで私は第1ラウンド後半からグラウンドを仕かけ、ヒロ三河選手のスタミナを削りにいった。

第2ラウンド後半で一気に決めるプランだったが、チョークで赤紫色に顔を染めたのにもかかわらずヒロ三河選手の回復が想定以上に早い。倒しきれずに判定となりイーブンの延長に持ち込まれてしまう。

延長で私は打撃とグラウンドを組み合わせたもののヒロ三河選手はまったく動じない。むしろ終盤にはラッシュを繰り出し、私が受けに回る場面もあった。

ダウンすることなくゴングが鳴った。

歩いている私と、リングに座り込んでいる姿が象徴しているように、有効打は私の方が多く、ダメージもヒロ三河選手の方が大きかった。

判定の結果、私の勝利となる。

当時のXでベストバウトと呼ばれる内容だったが、私はKOできなかったことが不満だった。断言するがヒロ三河氏の選手としての実力は本物だ。誓ってもいいが、リスペクトをしている。むしろヒロ三河選手でなければ、私とあれだけ激しい試合はできなかっただろう。

ふがいないのは、それだけの実力者を追い詰めながら仕留めきれなかった自分自身だ。試合後のマイクでは、

「次、絶対おもろい試合をするんで」

と誓って会場を後にする。

……だが、この約束が果たされることはなかった。この日、私とヒロ三河選手はお互いに大切なものを失う。

ヒロ三河選手は母親代わりに自分を育ててくれた祖母を失った。この日の昼間に不幸があったのだ。

私が失ったのは右目だ。網膜が剝離してしまったのである。

転機

格闘技において網膜剝離は致命的な眼疾だ。

外科治療の技術が日進月歩しても、網膜が衝撃に弱いことは変わらない。「次」に何かがあれば失明する可能性が極めて高い。だからＪＢＣ（日本ボクシングコミッション）は網膜剝離をした選手を強制引退させていた。

そのルールを打ち破ったのが辰吉丈一郎氏である。

１９９３年7月2日のＷＢＣ世界バンタム級暫定王座決定戦でビクトル・ラバナレスを相手に12回判定勝ちを収めた辰吉選手だったが網膜剝離になる。予定されていた辺丁一（ピョン・ジョンイル）選手との統一戦を中止し、王座を返上。同年9月に手術が成功したもののＪＢＣは国内での復帰を認めなかった。

そこで辰吉陣営はハワイで復帰戦を行い、ＪＢＣにアピール。ＪＢＣ側も辰吉選手のみを「特例」として復帰を認めたものの、「1回でも敗れて王座を失うか、眼疾が再発すれば即引退」という厳しい条件を課した上でのことだった。

だがその時の辰吉選手の年齢は24歳。私の場合は、すでに32歳である。医者は、

「格闘技はもうダメ」

と診断。手術をしても長期離脱が絶対で、引退と宣告されてしまったのである。

だが私はもう一度、例の自堕落な生活に戻りたくもなかった。マイホーム主義者になりたいとも思えない。そこで私は、自分の身に降りかかったことを正直に運営側に伝えた。その上で、

「やっぱり格闘技に携わっていきたい」

と、切実な思いを吐露したのである。

運営側は、私の想いを引き受けてくれた。こうして私は「X」の運営会社の社長に就任することになったのである。

1試合2000人規模の大会に

輝く場所に立つポジションから一転、輝く場所を選手に提供する側になった私だが、「X」は試合そのものだけではなくプロモーションにも力を入れていた。

今日でこそ街中を走って出会い系や、風俗の求人情報サイトを宣伝している「アドトラック」だが、「X」はいち早くそれを購入。大阪市内を中心に走らせていたのである。

大変な盛り上がりで、プロの大会より派手にやっているほどだ。第1回直前に公言した通り、「X」によって大阪では地下格バブルのようなものが起こったのである。

その勢いを示す1つの指標が格闘技団体のチケットやグッズの売り上げである。「X」でもTシャツやセットアップ、ステッカーなど多くのグッズを製作、販売していたが、「めちゃくちゃ」というほど売れていた。

それなら大儲けでしょ、と思う人は多いかもしれないが、世の中はそんなに簡単ではない。

「X」は高品質のTシャツに一流のデザイナーがデザインを依頼していた。そのことで原価はそれなりになる。売り上げ自体は相当であっても、利益が薄い。

「X」は大会を出場選手の実力に合わせてファースト、セカンドに分けていた。派手にしていたため、かかる費用はファーストで約1500万円～2000万円。セカンドなら約600万円～700万円くらいが必要となる。

その上、集まる選手は、普通の方法でプロを目指してコツコツ練習を積むアスリートタイプばかりではない。むしろ「やんちゃなコ」の方がはるかに多い。当事者同士がリングの上でぶつかるのは、盛り上がりから言ってもむしろ歓迎だ。

問題は選手の応援団である。

「やんちゃなコ」の応援団は「やんちゃなコの集団」ということで、応援団同士が会場でバチバチの殴り合いを始めてしまうのだ。

1回事件が起こるとそれなりにセキュリティを強化しなければならない。場合によっては強い選手がセキュリティに立つこともあった。

このように大会規模が大きくなればなるほど、出ていくモノも多くなっていったのである。

運営側は薄利だが選手は輝く。だからよい選手が集まり、お客さんも集まるというシナジーが生まれた。

創設からほどなく、会場のキャパが1試合で2000人規模に成長する。しかも多い時でファーストが年2回、セカンドは年6回開催していた。

ざっくりと2カ月に1回ペースである。「X」は名実ともに「日本一の地下格団体」に成長したが、運営側は、寝る暇もない忙しさとなっていた。

バックヤード

裏方が大変なのは、大会会場閉幕後まで「大会」が続くことである。なぜなら「打ち上げ」があるからだ。

一般的には「打ち上げ」は何かが終了した後の平和な飲み会だ。皆さんの中で格闘界の「打ち上げ」に参加した人はそう多くはないと思う。壮絶な状況がエンドレスに続くのだが、トラブル処理は裏方の役目になる。

「X」はキャパ2000人規模の大会になっていたということで関わる人数もそれなりになっていた。こうなると打ち上げは閉幕後の会場でこぢんまりと…ということにはならない。

取りあえずミナミで飯、そこから行けるヤツは次に行くぞ、というのがよくあるパターンだった。こうして二次会は三々五々と分散するのだが、行った先のクラブでケンカが勃発するのもパターーンである。

「なんとかしてください」

「X」の名前がデカデカと入ったTシャツを堂々と着てケンカをしていると、店側から発信された「処理」の依頼が最終的に回ってくるのは運営トップである私だ。選手だった私には、打ち上げで弾けたい気持ちが痛いほど理解できる。だが、運営会社の社長として「X」の名前が汚れることは看過できない。

そこで電話を受けて現場に急行するのだが、ぐちゃぐちゃになっているのもパターンである。

腕に覚えのあるコが練習して、集まって酔っ払ってケンカをしているのだ。相手側は相手側で酒も入っていて、どうしても気持ちが大きくなる。素人さんが「かなわない」となれば人数で勝負するしかないのだから、どうしても集団戦の「ぐちゃぐちゃ」になってしまう。

「やれやれ」と思いながら、暴れん坊たちの交通整理を始める私。「サップ西成」の強さは、ケンカ好きには知られていたので楽に終息できるのだが……安堵した瞬間に、次の「なんとかしてください」という連絡が来るのもパターンだ。

「家に帰るまでが大会です」

一刻も早く帰ってほしくて、そう口を酸っぱくして伝えるのだが、私の願いがかなうことはほとんどなかった。

暗雲

この種の騒動が繰り返されたことで「X」は徐々に社会の中で問題視されていった。

原因は2つある。

1つは、当時の私にはこうしたことを「若者のやんちゃ」としか思わなかったことだ。自分自身の過去を考えれば「この程度のこと」という認識だったが、それは特殊な世界に住んでいたことが生んだ誤解だ。一般の人にとっては「むき出しの暴力」にしか見えない。

私は客観視する基準を見失っていたのである。結果、事態を軽視していた。

もう1つが関係者のコントロールだ。

「X」はファースト、セカンドを合わせて年間5〜6回もの大会を開催する。1回の大会で参加する選手は約50〜60人、のべで考えれば年間250人〜300人が試合に関係していることになる。

この他にも各選手にセコンドなどのスタッフが付く。応援団もいるとなると、キャパ2000人規模の「X」の関係者は莫大である。

加えて「X」には自然と「やんちゃなコ」が集まっていた。それが大会の魅力となっていたし、プロを目指す選手のモチベーションにもなっていた。

結果「やんちゃ」な関係者が大会ごとに幾何級数的に増えていく。

プロの大会であれば一般ファンの比率は高い。必然、社会でトラブルを起こすファンは少数派となる。一方で「X」の場合は社会のトラブルメーカー比率が極めて高い。

そうした人たちが起こすトラブルとXをつなげてしまうのがグッズだ。「X」は一流のデザイナーが高品質の服にデザインしていたことから、普段着に使う人も多い。着用した「関係者」がトラブルを起こすと、社会は、

「Xがトラブルを起こしている」

と認識する。そうした認識が少しずつ蓄積されて、「X」は「恐怖の集団」と周知されるようになってしまった。

こうした「恐怖」を利用する連中が地下社会の住民である。勝手に「X関係者」を

かたって恐喝を行うということが横行し始めたのである。

その結果「Xの背後には暴力団がいる」、「●●組の資金源だ」という風説が真実味を持って流布されていったのである。

私は運営会社の社長で、4～5人程度のスタッフとXを運営していた。「X」とは大会の名称であって、組織ではない。したがって「Xの関係者」を名乗れるのは、数名程度のはずである。

一方で、例えば選手のスポンサー企業の幹部など、大会と距離のある人物の中には、地下社会と連なっているとされている人もいたようだった。だが、私がそこに行って、証拠もないのに「反社と付き合うのはやめてください」と言うことなどできるだろうか。

私にはコントロールできないまま「X」についての「黒い噂」がますます拡大していったのである。

警察がマークし始めた

その結果、どんな事態が増えていったのか——。

変わらず私がトラブルを収めに行くと、いつもとは、ちょっと違う話になっていた。不良同士ではなく向こう側が「現役の本職」だったからだ。

暴力団員は具体的な組名を出して、そこが「X」のケツモチだと主張。そこのしかるべき担当者と話をするという。興奮してイキる暴力団員に、私は、

「僕らは別に暴力団ではないんで、全然切り離して話をしましょう」

となだめる。何かのトラブルで、暴力団におカネを払ったこともないことも説明した。

「ケツモチがいたら僕が来ないでしょう」

本来なら「そらそうだ」で済む話だ。現役の暴力団員や、その密接交際者なりが「X」の名前をかたってトラブルを起こしたことは明白だった。

かたった本人をあちら側が探し出して、あちら側で話をつけるのがスジである。そんなことは先方も理解しているはずだ。ところが繁華街で発生するトラブルにあまりにも「X」の名前が出てくる。そのことで迷惑する暴力団が増えていった。

一般市民に組織名を名乗っただけで脅迫罪は成立するのだから、本来、私に名乗ること自体がリスクだ。そのリスクを背負っても、「どうにかしてほしい」というほどに「X」の名前は社会の裏表で問題視されていったのである。

こうした被害は、私自身にも及んだ。

息を抜こうと1人、クラブで音楽を聴きながら酒を飲んでいると、輩が声をかけてきた。

「兄ちゃん、えぇガタイしとんな」

突然、こんなことを言われても「はぁ…」と苦笑いをしながら答えるしかない。こちらの困惑を無視して、向こうのインタビュー&自分がたりが始まる。

「どこの出身なん?」

「西成」

めんどくさいので、なるべく短い言葉で答えるのだが、先方さま空気を読んでいない。出身地を聞くと興奮してまくし立ててきた。

「え？　西成か！　西成言うたら、『サップ西成』知っとる？」

もうしょうがないので「はぁ」とか「まぁ」とか受け流していると、その輩は「サップ西成」の友人だという。

もちろん私はその人物を知らないし、会ったことさえない。否定するのは簡単だが、逆に面倒くさいことになりそうなので相づちを続ける。

ところがその輩は、サップ西成は「力」で大阪の繁華街を仕切っている大物だという。サップに頼めば、どんなトラブルでも解決するというのだ。私は映画『ゴッドファーザー』のドン・コルレオーネのような存在に祭り上げられていたのだ。我知らぬ間に大阪繁華街の地下社会を仕切るマフィアのような存在にされてしまっていたのである。

こうなると面倒くさいより苦痛の方が大きくなる。それ以上、「サップ西成自慢」を聞きたくもないので、半笑いで輩にこう告げた。

「お前、誰やねん?」

向こうは私が何を聞いているのかわからない、口ぽかーん状態である。そこで私はこう言った。

「俺がサップじゃ」

言われた方は目が全力でクロールして、一瞬、前後不覚の状態になる。やや落ち着くと、すぐに「平身低頭」の謝罪だ。

私にとってはどうでもよい1回の出来事だったのだが、次第に「サップの友達事件」は増えていった。こうした「かたり」が方々で、どのくらいの数で発生しているか……トラブルのたびに団体名や私の名前が勝手にかたられるのか……そう考えるとアタマが痛くなってくる。

そんなある日のこと、ついに警察側から私の方に連絡があった。「X」の名前を出しながらの犯罪が多発しているというのだ。

「どうにかしてくれへんか」

「わかりました」

そう警察側には答えたものの、先方は「風説」という説明に納得していない。

警察にとっての業務成績は一般市民にとって「わかりやすい事件」を解決することだ。スポーツ新聞の社会面や、週刊誌の見出し、ワイドショーのワイプになりやすい事件を解決することを彼らは求める。なぜなら「時代劇の勧善懲悪型解決」に高評価のハンコを押すのが警察組織だからだ。私の説明を警察が真に受ければ、

「不良集団を悩ませる風説の流布を解決」

ということになる。これでは弱すぎるどころか「X」の擁護で、市民感情を悪化させかねない。彼らが求めるのは運営会社社長の私を逮捕して、

「日本最大の地下格愚連隊の責任者を逮捕。組織は壊滅へ」

と報じてもらえるようにすることである。私のアタマの中の危険を知らせるシグナルは黄色から赤に変化しつつあった。その予感が確信に近くなったのは東京にまでXの悪評が拡大した現実に直面したからである。

最初の衝突

そんなある日、私はパーティーの招待を受けた。開催地は東京某所、著名人が集まるという。大会の運営にとって人的つながりは重要だ。私が会場に入ると、偶然いたのが前田日明氏である。

前田氏は1959年1月24日生まれ、大阪市出身の元プロレスラーだ。1977年に、修斗の創始者・佐山聡氏の目に止まり新日本プロレスに入門。翌1978年8月にデビュー戦を飾る。1984年にUWF旗揚げに参加。UWF解散後、1991年にリングスを設立する。

90年代前半にUFCブームが訪れたことでリングスは、1999年からバーリトゥードに近い完全な真剣勝負であるKOKルールを採用する。前田氏本人は同年に引退。総合格闘技イベントHERO'S（ヒーローズ）に参加した。

そして2008年3月30日に、自身がプロデュースするアマチュア大会「THE

ＯＵＴＳＩＤＥＲ」がリングス主催で旗揚げされたのである。

遭遇したのは「ＴＨＥ　ＯＵＴＳＩＤＥＲ」が盛り上がっていた時だ。会場で前田氏を見つけた私は名刺を出して、「Ｘ」の運営者であることを明かし、

「対抗戦でもどうですか？」

と挨拶をしたのである。前述したように地下格では「Ｘ」の方がパイオニアである自負があった。そのことが態度に出ていたとは思えないが、前田氏は、

「なんやお前、マネージャー通せ」

と突っかかってきたのである。前田氏は「Ｘ」を暴力団の関係団体と決めつけ、上からの物言いで批判した。この問題に辟易気味だった私としては、黙っているわけにはいかない。両者の間に緊張した空気が流れる。

その場面に割り込んできたのが関東在住の私の先輩の格闘技関係者だ。元々、前田氏サイドとトラブルを起こしていて、遺恨含みの関係だった。先輩は、

「誰に言うてんねん」

と前田氏に突っかかっていったのだ。

テレビなどではレスラーになる前の大阪時代の前田氏のやんちゃが「伝説」のようにかたられている。だが、１９５９年生まれの前田氏と私たちでは世代が違う。しかも前田氏は大正区出身。こちらは西成である。

大阪は地域に密着する傾向が強いので、私にとって「やんちゃ伝説」といえば西成区出身のボクサー、赤井英和氏だ。主演映画『どついたるねん』も観たし、上の世代から「神話」は聞いている。

そんな私にとって「前田日明伝説」なるものは都市伝説程度の認識で、本人を前に臆することは１つもない。先輩と前田氏とのもめ事に私も参戦し、ごちゃごちゃになってしまった。

ところが火をつけた前田氏本人はいち早く現場を後にした。前田氏を追いかけたが車に乗って発進する。腹立ちがおさまらない私は、サイドミラーを割ったが、車はそのまま走り去っていったのである。

このように前田氏に対しての第一印象は劣悪そのものだった。このシコリが後の大事件につながっていった。

part 4 「半グレ」の襲撃

列島で「半グレ」が社会問題になる中、
運営していた大会が「半グレ」としてバッシングされる。
追い詰められた私は暴発する。

敗北の絶望的理由

裏方になったものの自分の中の火が消えることはなかった。リングの上で輝く選手たちを傍観者として観ていることで、戻りたい気持ちはむしろ強くなっていった。私は2011年2月13日にZEPP OSAKAで開催される「X vol.8」での復帰を決める。

網膜剝離から約1年半になろうとしていた。失明を恐れないわけではなかったが、30代の私はどこか刹那的だった。毎日死に場所を求めて彷徨っていたような気もする。その場所を眼疾で失ってしまったのだ。

だったら奪い返すしかしない——当時の私はそう思った。

とはいえ、運営の仕事を放り出すわけにはいかない。選手権プロモーターという二足の草鞋を履いた復帰である。

「X vol.8」はXの選手VS名古屋連合という構成で行われる。私の試合は最終の第13試合で、「総大将戦」になる。対戦相手は大倉利明選手だ。大倉選手は1978年12月3日生まれで、愛知県出身。格闘集団「TEAM WEED」を結成し、リーダーとして率いていたが、プロフィールにはこうある。

格闘技歴：柔道
鑑別所3回、少年院2回、刑務所2回
元・暴走族〝陽炎〟十三代目総長

地下格闘技には暴走族のリーダーという肩書きの選手が多くいるが、上のレベルに到達しないことがほとんどだ。同じケンカでも街のケンカと、暴走族のケンカは似ているようで違う。

ましてやケンカと格闘技は、同じ暴力でも似て非なるものだ。

「X」時代の私の肩書きは「ドヤ街の番長」など「ケンカ」を匂わせるものだった。ファイトスタイルも「ケンカ」をイメージしやすいようにしていたが、それは高度なスキルと理論に支えられての「スタイル」だ。

私のファイトはお客さんには派手に見えるが、その実、極めてアスリート的である。だからこそ強さを維持し続けてこられたのだ。すでに大倉選手は「THE OUTSIDER」で勝利していた。「X」のコンセプトから考えても、私と戦えるだけの実力があるということだ。

その日、「X」勢は名古屋連合を相手に白星を積み上げた。12試合を終えて9勝3敗という圧倒的な強さに、名古屋勢には悲壮感さえ漂っていた。迎えた13試合、X側の勢いや私の実力、知名度、経験などから名古屋側は諦めムードになっていた印象だ。ところが、トリを務める私は大倉選手を仕留めきることができなかった。そればかりか判定で敗北を喫してしまったのである。

ヒロ三河選手との試合後のマイクでした「次こそは」の約束を破ることになってしまった。負けると思って戦うことはない。油断をしたわけでもない。唯一、考えられるのは残酷な現実だった。

それは老化だ。私の身体を「時間」が蝕んでいた。

右ストレートで射貫く

網膜剝離を再発

人間の肉体は時間とともに劣化する。この抗うことができない不可逆的進行は、特にアスリートにとって深刻な問題を与える。一方で肉体の衰えと反比例して「技術」は上昇する。選手によって晩年の方が成績がよくなるのは「技術」で「老化」をカバーするためだ。

それでも「限界」は存在する。選手寿命を延命したいのであれば、以前とは違う身体の使い方をして、試合運びを変えなければならない。しかしプレイヤーとしての私は華を求めてしまう。

その結果、私の身体は深刻な事態に陥ってしまった。

復帰第2戦の相手は我龍真吾選手だった。タイトルマッチではなくオープンフィンガーグローブを着けてキックルールで戦うエキシビションだ。

我龍選手は、1975年6月23日生まれで、東京八王子出身のキックボクサー。金髪に髭という「不良キャラクター」で、入場テーマは「ツッパリハイスクールロックンロール」だ。

我龍選手の最大の魅力が「我龍タイム」である。

最終ラウンド残り1分になると、我龍選手が両手を広げ相手にグローブを差し出す。相手がグローブにタッチすると「我龍タイム」が開始。両者がリング中央に足を止めて、相手と殴り合うのだ。もつれてコーナーに押し込まれた時には、再び中央に戻りグローブを合わせて打ち合うのである。

無法だけれども華のある「殴り合い」を客に魅せる我龍選手に付いた呼び名が「喧嘩師」だ。直接観たことがない人が聞くと「色モノ」のように思うかもしれないが、その実力は5階級制覇の偉業を成し遂げているほどで、まさに一級である。

他ならぬ私は「我龍タイム」の大ファンだ。

その当人と試合をやるのだから、楽しみで仕方がない。最終ラウンド残り1分、訪れた「我龍タイム」に私の心は躍った。我龍選手とグローブを合わせ、足を止めて思う存分打ち合った。

観客が沸く。

だが至福の時間の真っ最中、私は右目の視力を失ってしまう。試合後の診断結果は網膜剝離。私は2度目の手術をしてリングから離れることになった。

2012年7月20日、私は自身の公式ブログに「一年」というタイトルで、当時の心境をこう綴っている。

〈若い選手達の活躍を裏方で見ていて、すごく嬉しい反面、すごくうらやましい。

俺も闘いたい……

周りの人たちは、家族もいるんやから、選手の育成や裏方で第二の人生を歩めと言う、もちろん心配してくれてだ。

一度は俺もそうしようと決めたが、やっぱり闘いたいわ！

もう35歳やスタミナも力も落ちてる、全盛期には、戻れないんも自分でもわかってる。けど闘いたい。

もう少し考えて答えを出そう。〉

「年齢」という壁を自覚していた私だが、誰かに吐露せざるをえないほどの現実となって迫ってきた。

しかし私に考える余裕はなくなってしまう。「X」が深刻な社会問題として扱われるようになっていったからだ。

「半グレ」の誕生

「X」が社会問題として取り上げられてしまうまでには、伏線がある。それがいわゆる「関東連合」だ。

「関東連合」の定義は難しい。元々は1979年生まれを中心とした上下3年くらいがメンバーの杉並区、世田谷の暴走族「関東連合」だった。そのメンバーが暴走族を卒業して大人になってから社会問題化していく。

2000年代に入り関東連合OBの幹部が、六本木や麻布といった東京の繁華街で財界、芸能界、イベント業界など多岐にわたってVIP人脈を築き、一部が巨万の富を手に入れる。

2010年に発生した、大相撲の横綱朝青龍氏が引退するきっかけになった「朝青龍暴力事件」の被害者が元関東連合メンバーだったことで、「関東連合」の名前はある程度の知名度を得た。

その名前が全国区になったのは、同2010年11月25日に発生した「十一代目市川海老蔵暴行事件」である。元々、海老蔵（現、十三代目市川團十郎）氏は酒癖が悪いことで有名だったが、関東連合の元メンバー相手に絡んで暴行された。

歌舞伎役者といえば、国家が「人間国宝」に指定するほどの文化である。そのスターに平然と暴力をふるったのが「元暴走族」であることに一般市民は興味を持った。「関東連合OB」は組織名がしっかりとした暴力団や右翼という既存の組織的暴力装置ではない。また愚連隊のように暴力一辺倒でもないし、無職で街をフラつく経済力に乏しい輩集団でもない。

一体彼らはなんなのか――その答えを出したのが、暴力団取材の旗手である溝口敦氏だ。朝青龍・海老蔵両事件の翌2011年4月、溝口氏は『ヤクザ崩壊　侵食される六代目山口組』（講談社）を刊行。その中で、社会問題となりつつある新たな暴力装置を、こう定義した。

〈暴力団の陰で新興の組織犯罪集団が勃興している。彼らに対する公的な呼称はまだなく、本書では「半グレ集団」と呼ぶことにする。「半グレ」とは彼らが堅気とヤクザとの中間的な存在であること、また「グレ」はぐれている、愚連隊のグレであり、黒でも白でもない中間的な灰色のグレーでもあり、グレーゾーンのグレーでもある〉

元々、溝口氏は「暴力団」というニッチだけど専門性の高い素材をテーマにする作家だった。1990年には五代目山口組組長の書籍出版に関連して何者かに刺されたが、世間のイメージは「暴力団寄りの人」のままだった。

ところが2003年には食肉卸売業ハンナンと闇社会との関係を暴いた『食肉の帝王―巨富をつかんだ男　浅田満』（講談社）を刊行し大ヒット。さらに2006年に長男が襲撃され大ケガを負ったことで世間の認識が根底から変わる。同年には当時テレビに引っ張りだこだった細木数子氏とヤクザの関係を暴いた『細木数子　魔女の履歴書』（講談社）を大ヒットさせ、社会問題全体を扱う作家としての知名度を全国区にした。

その溝口氏が世に出した「半グレ」という名称は報道を通じて、瞬く間に共有されていったのである。

そのことで元々ある不良集団を「半グレ」と呼ぶのではなく、不良集団は半グレと呼ばなければならない、という同調圧力が日増しに強くなっていった。暴力団の本場、関西での同調圧力は特に強く、結果、「やんちゃ」が集まる格闘技大会だった「X」が、なぜか半グレと目されるようになってしまったのである。

「関係者」が傷害事件の容疑者に

東京発で「半グレ」という言葉が生まれてから約1年後の2012年に入ると「X」

に関連する人物に警察の捜査が及ぶようになった。繰り返し強調しているように「X」は格闘技大会の名称だ。「K―1」、あるいは「パ・リーグ」や「Jリーグ」のようなものである。

例えば「K―1」に選手を送り出しているジムが、反社と付き合っていたとする。そのジムの所属選手が刑事事件を起こしたとして、「K・1」が反社扱いされるだろうか。

「X」は大会名なので、「関係者」と名乗れるのは私が社長を務める「運営会社」の人間である。4~5人の小規模だったことでセキュリティなど多くの業務は外注だ。

「関係者」を名乗る人間を調べると驚くべき事態になっていた。

当時、私はミナミでたこ焼き屋をやっていたのだが、「X関係者」を名乗る人間を問い詰めると、

「そこのたこ焼きを買いました」

と言う。大会のTシャツを購入して、

「所属や」

と、イキるヤツもいた。勝手に言い始めるコたちが幾何級数的に増えていったのである。したがって「X＝半グレ」という方程式は本来であれば成立しない。

ところが事態は私たちの考えていなかった場所で急展開を迎えた。２０１２年9月2日、東京都港区六本木のクラブで謎の集団が、そこにいた一般市民を金属バットで虐殺。間もなく犯人が関東連合であること。犯罪が人違いで行われたことが明らかになった。

世間は「半グレ」を暴力団以上に厄介な暴力装置として認知。半グレ狩りが始まった。

六本木クラブ人違い殺人事件の約2カ月後の同年10月22日、ある事件が関西圏で大々的に報じられる。以下は、産経新聞が朝刊で報じた記事である。以降、記事は原文ママだが、伏せ字の「●」は著者の私が入れた。

『格闘技団体「●●」関係者の男を逮捕　南署、傷害容疑で』

大阪・ミナミの繁華街で口論相手の男性ら4人に重軽傷を負わせたとして、南署は

21日、傷害容疑で格闘技団体「●●」関係者の●●●●容疑者（●●）＝●●市●●町＝を逮捕した。●●容疑者は容疑を否認。署は同日、大阪市浪速区の団体事務局などを捜索した。

逮捕容疑は6月30日未明、大阪市中央区の駐車場で、口論になった寝屋川市の男性（39）ら4人に対し、10人程度で殴る蹴るの暴行を加え、顔面骨折などの重軽傷を負わせたとしている。

署によると、ミナミ周辺では今年7月ごろから「●●」のロゴ入りTシャツを着た集団が飲食店にトラブル解決名目のみかじめ料を要求したり、チケットをしつこく売りつけたりするトラブルが多発。署は集団の他のメンバーが今回の事件に関与した疑いがあるとみて捜査している。

記事中の格闘技団体は、私が運営している「X」だ。容疑者とされている●●氏を知ってはいるが、私の会社の社員でもなければ、「X」の運営に関係もしていない。

その人物が「X関係者」とされているのだ。

しかも逮捕容疑は4カ月も前に起こした傷害事件だ。この程度の事件の逮捕がこれだけ大々的に報じられるのなら、私はとっくに大阪の大悪党である。

警察が「X」壊滅に向けて動き始めたのは明らかだ。その予感を確信に変えたのが、メディアの動きである。

情報を武器に変えて攻めてきた

警察はメディアを使って「X」に対して印象操作を行っている。情報を武器に変えて、メディアを手駒にして攻めてきたのだ。そのことを端的に示すのが、同日、読売新聞が報じた『「地下格闘家」ミナミで暗躍か　通行人に暴力　店に金銭要求』という以下の記事だ。

大阪・ミナミで通行人らに暴行し、重軽傷を負わせたとして、大阪府警南署は21日、職業不詳・●●●容疑者（41）（●●市●●町）を傷害容疑で逮捕した。●●容疑者はアマチュア格闘技団体の幹部。ミナミでは、団体メンバーとみられる男らによる暴力行為などの被害相談が、この約3か月間で十数件あるという。同署は、暴力団には属さない不良集団が歓楽街で勢力を伸ばしているとみている。

同署によると、団体は大阪市浪速区に事務所がある「●●」で、30~40人が所属。アマチュアの若者らが出場する「地下格闘技」と言われるイベントを関西を中心に開催している。

（略）

ミナミの飲食店では7月頃から、「●●」と書かれたTシャツ姿の男らがイベントのチケット購入を迫ったり、組合費と称して金銭を要求したりして、断られると暴れるケースが相次いでいる。同署は団体の事務所などを捜索しており、組織的な関与の有無を調べる。

この記事に至っては事件そのものより「X」についての記述が多くなっている。しかも「X」が組織的に繁華街に進出して、ナワバリを作っているというのだ。太字にしたが、この記事中にどれだけ「同署」が出てくることか。

ようは大阪府警南署が言ったことが、裏取りもされずにそのまま報じられているのだ。まさに警察の狗(いぬ)である。

繰り返すが、当時は「関東連合」が暴れたことで、「不良集団＝半グレ」という世論が全国的に強くなっていた。その状況で「X＝不良集団」という情報を警察が投下すれば自ずと「X＝不良集団＝半グレ」の認識が一般市民に共有される。

まさに情報戦である。

実際に、傷害事件の報道からわずか3日後の同月25日には、産経新聞が『「半グレ」格闘技団体暗躍「関東連合目指す」吹聴　ミナミで十数件　暴力事件』と題した記事を掲載。冒頭で、

大阪・ミナミの繁華街で7月ごろからアマチュア格闘技団体「●●」(大阪市浪速区)のメンバーが関与したとみられる暴力事件が十数件相次いでいることが24日、大阪府警への取材で分かった。一部のメンバーは「半グレ」と呼ばれる不良集団と化し、飲

食店にみかじめ料を求めるなど、暴力団さながらに活動している。周囲に「(東京・六本木などで活動する)関東連合を目指す」と吹聴しており、大阪府警が警戒を強めている。

と「Xは半グレである」と断定して報じているのだ。

この情報戦は劇的な効果をもたらした。大阪には毎日放送、朝日放送テレビ、関西テレビ放送、讀賣テレビ放送の4つの民放がある。そのいずれもが「X＝半グレ」という前提で、これでもかと報じ始めたのである。

自ら矢面に立つが…

皆さんの中には、「警察は、そんな面倒なことをしないで家宅捜索して一気に潰してしまえばいいじゃないか」と思う人もいるかもしれない。だが、日本では憲法で「集会・結社の自由」、「職業選択の自由」が認められている。

公権力が一方的に集会・結社に介入して職業選択の機会を奪うことは人権侵害にな

る。当然のことながら警察は「X」と反社会的勢力とのつながりを調べたはずだ。ところが事件化できるほど濃厚なつながりを示す証拠が出てこなかったのではないか。だから最初に「X」が反社会的勢力という世論を形成して、その風をバックに、潰そうとした——今振り返っても私にはそうとしか思えない。

この「情報戦」に、当時の私はなす術もなく晒された。わずか数人の運営会社の中に「情報戦」に詳しい者がいるはずもなく、誰に頼んでいいのかもわからない。

窮した私は積極的にメディアの取材に応じて、説明を始める。例えば同年11月4日の産経新聞で『「半グレ暴力事件 「●●」主催社長「ほとんどが無関係」」と題した記事が配信されている。以下がその記事である。

「●●」を主催する大阪市浪速区のイベント会社の男性社長(35)が産経新聞の取材に応じ、「●●容疑者は知人で格闘技大会の出場経験もあるが、現在は●●とは一切、関わりがない。ミナミで発生している一連の暴力事件は●●の名前をかたった半グレの仕業だ」と釈明した。

●●は平成20年に立ち上げ、関西を中心に格闘技イベントを開催してきた。社長自身、元々は格闘家で、けんかに明け暮れる若者を格闘技を通して更生させる目的もあったという。

最近、警察などから「●●の関係者が路上でトラブルを起こしている」と頻繁に連絡を受けるという。社長は「関連を調べたが、ほとんどが無関係だった。●●のロゴ入りTシャツはインターネットでも簡単に購入することができる。半グレが●●の名前を利用しているだけ」と話す。

また、●●の関係者が大会のチケットを高値で売りつけたり、みかじめ料を求めたりしていることについて「うちとは関係がない」としたものの、「これまでに大会に参加した選手は延べ約千人はいる。自分が把握していない中で、悪さをする者もいるかもしれない…」と言葉を濁した。

●●容疑者の逮捕後、12月に開催予定だった格闘技大会は中止になり、活動再開の見通しは立っていないという。社長は「今回の事件は格闘技に励んでいる多くの若者の夢や希望を打ち砕くもので、残念でならない」と語った。

ただ、●●容疑者が役員の会社が、イベント会社と同じビルに入居するなど不自然な点もある。府警の捜査員は両社を「関連会社」と指摘するとともに、「●●の一部のメンバーとミナミで騒ぎを起こしている半グレは同一組織と認識している」としており、実態解明を進める方針だ。

特に深刻だったのは大会が中止に追い込まれたことだ。「反社会的勢力」と目されると施設側が会場を貸しにくくなる。さらにはスポンサーも関与を躊躇するようになるのだ。

情報戦の恐ろしいところはここだ。

刑法では疑わしきを罰することはできないが、「コンプライアンス」は疑わしい者を排除する。

「X」は徐々に、そして確実に追い詰められていった。

恐ろしいテレビ局の「編集力」

当時の私には情報に対しては情報で戦うしかないと考えていた。だから訪れる取材に1つ1つ対応していたと思う。この考えがいかに稚拙で愚かしいものなのかを思い知らせてくれたのが「テレビ局」だ。

前述したように大阪には毎日放送、朝日放送テレビ、関西テレビ放送、讀賣テレビ放送の4つの民放がある。そのすべてが示し合わせたかのように、私のところに押しかけてきた。そこで私は、

「1社ずつ時間を取ります」

と言って、すべての会社の取材を受けることにしたのである。

取材と言っても答えは同じである。どれだけ問い詰められても「関係ない」ものは「関係ない」。「ない」ことを「ない」と証明するのは「悪魔の証明」だ。

すると向こうは「X」のTシャツを着た人物や、「X」の名をかたった人間が起こ

した事件を質問してくる。

私がそうした意地悪な質問に対して、特に反論したのは、逮捕者のその後である。捕まったこと自体は報じられるが、処分保留などでなんの罪にも問われずに釈放されたことは報道されない。

結果、「X」は逮捕者を続出させる巨大犯罪者集団のような印象を持たれてしまう。公平な報道を目指すなら、処分保留で釈放されたことも報じるべきだ。

私はそう主張した。

悪事ばかりが意図的に強調されているが、「X」は収益の一部をボランティア活動に投じている。特に児童施設への炊き出しは私の楽しみで、ライフワークだと思っている。

「本当に悪いことをしているのであれば、悪いと報じてください。しかし、いいことも報じてください」

すべての局には、そうお願いした。向こうも笑顔で頷く。それが手口だと知ったのは実際に放送された後のことだった。

取材である程度の話をすると、やや疲労した私を察してテレビ局側が、

「休憩しましょうか。コーヒーでも飲んで一服してください」

と気を使ってくれる。こちらも申し出に乗ってタバコを吸う。ところが番組を観てみると喫煙の部分だけ切り取られて、意図的に編集された映像が電波に乗って発信されているのである。その映像は、当人である私が観ても、

「めちゃくちゃ悪いヤツやん」

と思えるほどだ。これで世論を傾けることなどできるはずがない。

この一件以降、私はメディア、特にテレビを信用しなくなった。そもそもなのだが番組には「報道」と「情報バラエティ」や「報道バラエティ」があることさえ知らない人がほとんどだ。いわゆる「ワイドショー」は「報道」の顔をした「バラエティ」である。その境界線を使い分けて連中は世論を操作するのだ。

今日ではテレビ離れが指摘されている。これまでも、私にしたようなえげつない印象操作を繰り返してきたのだ。信用を失うのは当然で、観たいと思う人がいなくなるのもまた当然だとしか私には思えない。

解散

大阪発の日本最大の地下格団体として栄華を誇った「X」だが、崩壊は早かった。

2012年10月22日の最初の報道から、たった約2カ月後の同年12月末にX側は大阪府警本部に、

「世間を騒がせた責任を取り、今後の活動を自粛したい」

として、近日中に解散する意向を示す。私は、取材に、

「関東連合と同一視され、大阪の繁華街で悪事を働く連中は「X」の関係者とひとくくりにされた」

「一部のメンバーが暴徒化してしまったのは事実。二度と同じ過ちを繰り返さないようにしたい」

と答えている。

「X＝半グレ」の認識が社会に浸透していくとともに、コンプライアンスを理由に多

くの人、企業から大会への関与を断られ、すでに開催できるような状況ではなかった。企業や人も「X」一本で仕事をしているわけではない。企業が大きくなればなるほどコンプライアンス遵守を厳格化している。無理して受ければ、大企業からの仕事がこなくなってしまうのだから、Xとの関係を断つほかない。

もはや事態が好転する可能性はゼロで、むしろ時間が経てば経つほど悪化する未来しか待っていなかった。

警察は市川海老蔵事件をきっかけに「関東連合」を徹底的に分析。「六本木クラブ人違い殺人」で、全国の不良集団の分析を始める。報道の流れをみても、世論の動きをみても当局側が、これまで取り締まることが難しかった「半グレ」を規制しようとしているのは明らかだった。

実際に2013年3月、警察庁が暴力団対策法に基づく指定や認定ではなく、暴力団に準じる治安を脅かすような反社会的勢力を「準暴力団」と定義する。その上で、集団の実態解明と取締りを強化するように全国の警察に通達を出す。

準暴力団の構成員として暴走族OBや、地下格闘技の選手が名指しされた。これまでの流れから考えて、当時の大阪で「準暴力団」に相当するのは「X」以外にありえない。

指定されてしまえば活動はおろか運営会社、私も含めたスタッフ、さらには選手に至るまでありとあらゆることが捜査の対象になる。実際に犯罪を行っている人間が取り締まられるのは問題ないが、罪もない人まで巻き込まれるリスクは極めて高い。

現実的に、2011年に全国で完備した暴排条例によって、暴力団員の家族の銀行口座やクレジットカードが凍結されることが起こっていた。暴排条例は暴力団員であること自体が「罪」という厳しい規制だ。「準暴力団」指定は、それと近いリスクを負う大事である。

もはやタップするしかない。

こうして私たちは2013年3月、「X」の解散届を府警に提出する。

2007年の立ち上げから全国に「地下格ブーム」を巻き起こした先駆者「X」はこうして消滅したのである。

居場所を奪われた選手たち

「X」解散によって一番困ったのが、「X」を舞台に活躍をして、本気で上を目指していた選手たちだ。「次の場所」を探すのは「X」運営トップだった私の責任でもある。

そこで頼ったのが「WARU 下剋上」だ。当時、全国には50近くの地下格闘技イベントがあったが、そこに集まる「我こそは最強のワル」の日本一を決めようというコンセプトである。

「WARU 下剋上」は2012年1月2日に逝去した故・真樹日佐夫先生の追悼イベントとして開催された。大会名が真樹先生の代表作『ワル』から付けられているのはそのためだ。

K―1のプロモーションで名前を上げていた谷川貞治氏が創設に関わり、代表はVシネマのドンと呼ばれる山本ほうゆう先生である。これだけの大物が運営に関わっているのだから、地下格で活躍するアマチュア有名選手を全国から集結させる意気込みは本物だ。

そこで私たちは「WARU」に舞台を移す。

いくら「WARU」がよい大会でも、自前の舞台を喪失したことは選手たちの負担になっていった。「X」は選手ファーストで、選手に輝ける場所を提供。「上」を目指すための好カードを組んでいた。まったく同じ地下格団体など存在しない。

何より「大会の間借り」では出場できる選手数に限界がある。試合に出たい選手が、出場できる大会を探さなければならない。

この時ほど、選手と裏方を兼任している自分の境遇を呪ったことはない。選手たちは、自分の気持ちを理解してくれる私にしか気持ちをぶつけられない。一方で、運営トップだった者として残務処理をし責任を取らなければならないのだ。

おそらく私は、私が考えている以上に追い詰められていたのだと思う。

そんな状況で「THE OUTSIDER」が、2013年9月に大阪で開催されるという情報が飛び込んできた。

まるで地下格闘技のパイオニアにして日本最大規模の大会「X」の消滅を待ったか

のような大阪進出ではないか。

「なんや、俺らが動かれへんようになった時に、こいつらは大阪に来るんか」

これは私たちに対する挑発だ。少なくとも私はそう受け取った。

選手招集を避けられた

すぐにでも爆発しそうな私をどうにか抑えていたのは、「選手」への想いだった。「THE OUTSIDER」が大阪で開催されるということは、地元から選手を招集するということになる。

日本最大の都市、東京発の「THE OUTSIDER」の知名度はすでに全国区だった。大会の規模、コンセプトから考えても、「X」の選手が呼ばれないはずがない。

しかし私の期待は「皮算用」に終わる。確かに「THE OUTSIDER」は大阪の道場、ジムに声をかけて選手を集めていた。ところが「X」に関連するジムには一切連絡がなかったのである。

選手のことを考えた時の私はメンツを潰された怒りよりも、悔しい気持ちの方がはるかに大きかった。頬を涙が伝うほどだ。

そんな時に私の頭の中をよぎるのが、東京で遭遇した前田日明氏の私を蔑む瞳だった。

当時の私は幾重ものショックに短期間の間に晒されていた。関東連合に端を発する警察による圧力、メディアによる「X」へのバッシング、半グレ認定と、活動自粛、さらには準暴力団指定危機からの自発的解散……今は選手たちの居場所探しだ。

過去の行状から私に咎があることは否定できない。だが、私はともかく「X」に出場した選手が何をしたのか——。

そんな心理状態で「THE OUTSIDER」の開催日が間近に迫ってきた。出場が決まった選手たちの高揚感も伝わってくる。「うらやましい」という気持ちは、「うらめしさ」に変わった。

心の中で攻めたのは「X」運営トップの自分の力量のなさである。

耐えがたい無念の果てに、私の中に表れたのは「THE OUTSIDER」への憤怒だった。そして私は決断する。

この惆悵（ちゅうちょう）を前田日明氏にぶつけるしかない

今にして思えば「八つ当たり」だったかもしれない。だが当時の私には自分を省みる余裕はなかった。

そして私は思いつく限りの知り合いに、

「（2013年）9月8日に、大阪市中央体育館に来てくれ」

とだけ連絡したのだった。

エンセン井上の恩情

その他に事前に連絡したのが大会のセキュリティだ。どんなケンカにもルールがある。不意打ちは好むところではない。大阪開催ということで、何人かの顔見知りが警護をする。私は当日、会場に乗り込むことを予告し、

「お前ら、横向いとけよ」

と伝える。先方が準備をして私たちを阻止したければすればいい。

もう1人、絶対に筋を通さなければならないセキュリティがエンセン井上氏だ。乱闘騒ぎが起こった時などの事態収拾役として「THE OUTSIDER」に仕事として帯同することはわかっていた。

エンセン井上氏はアメリカ合衆国の男子総合格闘家で、初代修斗ヘビー級王者である。1998年10月25日の「VALE TUDO JAPAN '98」ではUFC世界ヘビー級王者で当時世界最強と称されていたランディ・クートゥアに一本勝ち。下馬評を覆す劇的勝利によって知名度を得る。

その後の「PRIDE」ではアントニオ・ホドリゴ・ノゲイラ、ヒース・ヒーリング、イゴール・ボブチャンチン、マーク・ケアーといった世界最強クラスのトップファイターたちと激闘を繰り広げた。

「X」の会場を訪れてくれたこともあって、エンセン井上氏とは旧知の関係だった。

私が正直に計画を伝えると、エンセン氏はこう言って止めた。

「行かんとってほしい」

だが事前に宣言までしたのだ、私の決断は揺るがない。

「でも、エンセン、俺は行くから、俺の気持ちはわかってな」

「わかった、でもムチャはしちゃダメだ」

漢として気持ちを汲んで、聞かなかったことにしてくれるというのだ。私はエンセン氏の気遣いに深く感謝をした。今でも付き合いが続いているのは、選手としてはもちろんだが、人柄をリスペクトしているところが大きい。

決行すれば大事になることも、警察に逮捕されることも間違いない。声がけに賛同して、付いてきてくれたコたちに累が及ぶことは避けなければならない。パクられるのは自分だけ。だから事前に、

「取り調べでも、全部、俺の指示やと言え」

「全部、俺が責任持つから」

と言い含めてある。

そして、その時が来た。

前田来い、コラッ

2013年9月8日、予定通り「THE OUTSIDER」が開催された。大阪市中央体育館は満員である。大阪初開催となる「THE OUTSIDER 第27戦」には、後に「Breaking Down」で活躍する朝倉海選手や啓之輔選手、金太郎選手が参加していた。

第9試合が終了し、前田日明氏がリング上で勝者を讃えていた。それを合図に、私たちは一気に会場内になだれ込む。会場は紛糾したが口々に、

「前田来い、コラッ」

と、当人に詰め寄る。

私は前田氏をつかみにかかり、揉み合いになった。間に関係者が入って前田氏は抱えられて控え室に向かう。そこで私はリングサイドに居座って、

「前田を呼んでこい」

と主張した。ところが、前田氏側が出てくる気配がない。

「俺が話をするから」

と間を取り持ってくれたのがエンセン井上氏である。エンセン氏と一緒に汗をかいてくれたのが、最強のレフェリーと称された和田良覚氏だ。2009年9月13日、私はUFK　Mixedウェルター級のベルトを巻いている。そのようなプロのリングでの活動を通じて、和田氏と面識はあった。

「俺が1人で行くんやから話をさせろ」

と私は主張し続けた。控え室の籠城が1時間くらい続いた頃だろうか。

「手を絶対に出すな」

という条件で、何人かの立ち会いの元で前田氏と対面することになったのである。エンセン氏、和田氏、前田氏のマネージャーなどを伴って1人で控え室に入った。私の覚悟は掛け値なしの命懸けである。

室内で前田氏は会議テーブルに座っていた。周りに何人かいるが、私は、そのまま机を蹴って、こう言った。

「今すぐ俺とサシですんのか、詫び入れるのかどっちゃ。すぐ決めへんかったら、大会止まったまんま選手に迷惑かかるぞ」

するとと前田氏はこう告げた。

「君たち、クロだろ？」

クロというのは「暴力団」ということで、「X」が反社と関係していると繰り返し指摘するのだ。

「お前ら、ヤクザだろ」

「いや、全然違いますよ。どこかに面倒見てもらってるわけでも、カネを払ってるわけでもないです」

「でも君たち、クロだろ」

「一切、面倒も見てもらってないし、おカネも払ったりもしていません」

こんな押し問答をしているうちに、私も落ち着いてきた。そこで、きちんとここに至った経緯も説明した。元々私は言葉が足らないところがあるので、どこまで伝わったかはわからない。だが、前田氏は、

「まあ、サップの言うことはわかった。俺らも誤解してたから悪かった、すまん。また声をかけるわ」

「それやったら帰ります。みんな引き上げます。試合やってください」

最後は握手までして別れて控え室を出た。

私は持っていたレコーダーのスイッチをオフにしたが、これで終わりになるはずがない。お互い子供ではないのだ。

会場には警察が来ていた。運営側が被害届を出すことは確実だった。

粗暴犯逮捕に数カ月後の背景

想定通りだが「THE OUTSIDER」は被害届を警察に提出する。自身が汗をかき握手まで持っていったのに、ハッピーエンドとはいかなかったことに対して、情の人、エンセン井上氏の胸中は複雑だったと聞いた。

捜査に動いたのは「同署によれば」報道でお馴染み、「X狩り」の最前線基地である南署である。

襲撃事件から約3週間後の2013年9月29日、私は引退試合のリングに立った。舞台は「日本統一下剋上　Waru 頂上対決！」と銘打った、「WARU」大阪初上陸の大会である。

私の事件は言ってみれば粗暴犯である。捜査にそれほどの時間を要するとは思えない単純な犯罪だ。イメージしていたのは試合前に私を逮捕、拘束して引退試合をできなくすることだった。

あるいは運営側に働きかけて出場停止にすることも考えられた。

ところがそうはならずに試合当日を迎える。会場の大阪府立体育会館には警察が来ていて、私の行動を確認しているのにもかかわらずだ。

待てど暮らせど一向に「逮捕」とはならない。思わず南署に自ら出向いて、

「なんで逮捕されないんですか」

と直撃しようと思ったくらいである。

考えられるのは背後関係の捜査だ。やはり警察は「X」や私の後ろ側に反社会的勢

力がいることを疑っていたのではないか。そればかりか「THE OUTSIDER」にも同種の存在がいることも疑っていたのではないか。

今回の襲撃は「サップ西成個人」の犯行ではなく、背後の組織同士のトラブルと警察は筋読みをした。そうなると警察的には「美味しい」。ところが掘っても出てこない。今度は「ない」ことを裏取りして証明する。

時間をかけて入念な調べをする理由は、そのくらいしか思いつかなかった。

結局、事件は警察の思い描いた「美味しいモノ」でもなんでもなく、本当に粗暴な犯行だということにたどり着いた。

だが長時間かけての調べを通じて私個人について出てきたものはすべて使うはずだ。逮捕までの時間が長いということは、私の勾留期間が長くなることを示していた。

俺はちっぽけな人間や…

私が逮捕されたのは事件から3カ月が過ぎた2014年年明けのことだった。留置場に入れられて聴取が行われる。

私は実に3回の逮捕で、容疑は11以上にもなった。世の中で逮捕経験がある人は圧倒的少数派だからわからないと思うが、1つの容疑に対しての取り調べ期間は20日ある。

私は取り調べを受けては留置場に戻り、調べを受けては留置場に戻りを繰り返す日々を送る。

私に強い衝撃を与えたのは、取り調べ中に垣間見えた「被害届」の内容だ。そこには仲がよかった後輩の名前が書かれていたのである。この瞬間、私は顔から火が出るほど恥ずかしくなった。

事件前、私は「自分1人が逮捕されれば一丁上がり」と軽く考えていた。フタを開ければ多くの人を巻き込んでいることを実感したからである。そうして私は冷静になっていく。

そもそも格闘技大会に突入する必要があったのか。モチベーションを乱される試合中断ほど迷惑なことはない。自分が選手の立場だったら、ど突きに行って排除しようとしたはずだ。あの時、皆がそうしなかったのは、早く事態を終息して試合がしたかったからに違いない。

これまで私は、

「俺はサップ西成や！」

「強いんや！」

「ケンカは負けへんぞ」

などの自負に支えられて好き放題暴れてきた。ところが接見禁止で弁護士にも会えず、留置場内で外から完全に遮断されてしまっていたのである。情報も入らない中、私のために動いてくれているのは周りの人間や家族だ。

私が自分の欲望に突き動かされて暴力行使に向かったことで、自分の親しい人に辛い思いを背負わせているのだ。

「ホント、しょーもな、俺、1人じゃ何もできないやん」

ところが、その言葉は、私の骨身には染みなかった。それほどまでに私は自己客観視できなくなっていたのである。

ようやく出てきたのにもかかわらず、2014年4月26日、私は傷害事件を起こして府警に逮捕されてしまう。先輩の店で働いていた男性の頭をビールジョッキで殴るなどして重傷を負わせてしまったのだ。

もうすでに起訴されている身だ。

「これは実刑のロングや……」

私は青ざめる気持ちだった。それは社会不在になることに対してではない。では何に対して私は怯えたのか――。

傷害事件については、示談金を積んでくれた人がいた。

考えれば留置場の本だって、周りの人間が動いてくれたから差し入れられるのだ。自分を支えてくれる他人がいなければ、おカネだって一銭も中には入らない。私がどうでもよい人間であれば、ほったらかしである。

私はそういう人たちを、生まれ育った西成で大量に見てきたではないか。

「俺は1人でも生きていける」

などというのは虚勢であり、戯れ言に過ぎない。私独りの力などたかが知れているのだ。

その時、私が思い知ったのは、自分が「危うい綱渡り」の真っ最中にあるという現実だ。どちらかに少しでも傾けば、私は二度と「こちら側」に戻ることはできない。

いよいよ「サップ西成」と別れる決断をしなければならない時が訪れたのだ。

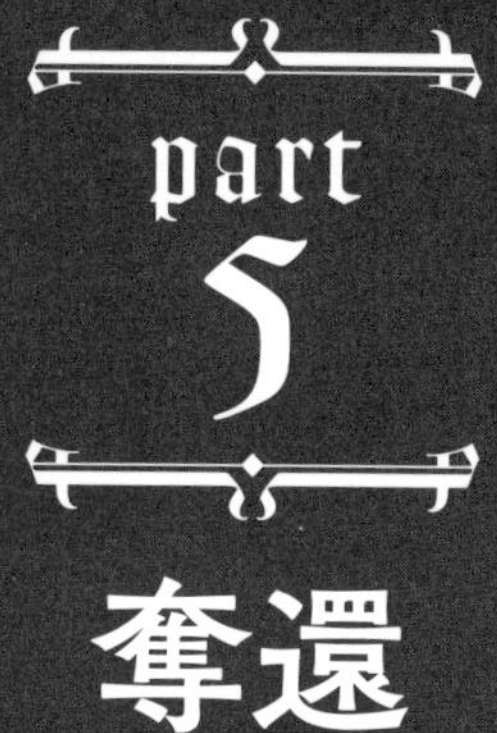

奪還

一般市民として長い沈黙の時間を過ごした私は、
再び格闘技を始める。格闘家としての余生を過ごす中で
たどり着いた「ターニングポイント」とは――。

「左福」に込めた想い

2014年4月の傷害事件で私の肩書きは「露天商」として報道されている。今どき「露天商」という職業名が理解されるのかは疑問だが、警察的な職業カテゴリーでは、それしかなかったのかもしれない。

留置場を出た私が始めたのは各地で行われるイベント、百貨店などで特別、恒例問わずに開催される催し物での販売だ。日本全国や海外などを渡って食品など様々なモノを販売する。

このような「今どき寅さん」の仕事は「催事」と呼ばれている。

向こう側の世界に行きたくない私は、真面目に働くことに努めた。人を使いかなり手広く商売をするまでになる。

ところが2017年も暮れに差しかかろうとした時、スタッフの1人に売り上げ約600万円を持ち逃げされてしまう。そのこと自体もショックだったが、現実的に訪れた深刻な問題は回転資金がショートしてしまったことだ。

「催事」というビジネスは未来に向けて仕事を取るところから始まる。一番わかりやすいのが出店料だが、仕入先の確保、仕入れなど「先々」に対して投資をしなければ「店」を開くことができない。そうして店を構えて、ようやく回収が可能になるビジネスモデルだ。

忙しさや、不幸が一度に来るのは永遠に解けない、人間の謎である。

持ち逃げによって先々の元手が喪失してしまったばかりか、年末に予定されていた大きなイベントが中止になってしまった。

催事の仕事は1月、2月、3月が閑散期になるのだが、次に訪れる繁忙期のため必要なのは元手だ。

ところがその元手も元手を稼ぐチャンスも消失してしまったのである。

窮した時、ちょうど住之江区中加賀屋3丁目5番にある、飲食店が軒を連ねる中の1店舗の物件が空いていた。南海・住吉大社駅と四つ橋線・住之江公園の真ん中ほどに位置していて、住之江ボートも近い。

これまで何度もピンチを救ってくれた「左フック」をもじって「左福」と名付ける

「ここで一発やろうか……」

選手時代に飲食店を経営した経験のある私に、「いける」と思わせるだけの場所だった。どの道、催事の仕事を続けるにしても、かなりの借金をしなければならない。物件を借りることと、催事を続けることのリスクはイーブンだ。

そこで私は、すぐに資金集めに走る。知り合い、知人、友達……催事の支払いに必要な資金もあったので、不本意ながら高利貸しも利用した。

怖くはあったが追い詰められておカネを集める時の労苦と、未来のための苦労は、気持ちの部分がまったく違う。

1月には契約を済ませ、集めた資金は約400万円。2018年3月1日、ついに開店に漕ぎ着けた。

店名は「左福」で「さふく」と読む。

これまで格闘家としての私をいつも救ってくれたのは「左フック」だ。リングで多くの栄光を与えてくれた「左フック」をもじって名付けた名前である。

「左福はサップをもじったのでは」と疑う人もいるかもしれないが、それは大いなる誤解だ。オープンに向けて決意したのは「サップ西成」との別離である。格闘技からもさようならをしなければならない。

だから、せめて「左フック」だけはいつまでも傍らに残しておこう……新しい人生に向から私の秘めたる精一杯の想いだった。

さらばサップ西成

一連の事件で私には懲役2年執行猶予4年判決が下された。あれだけの大事件で執行猶予が付いた裏側では、私のために尽力し、奮闘してくれた、多くの人たちがいる。襲撃事件で「サップ西成」の名前は広がってしまった。問題は、その後も続く人生をどう生きるのかだ。

悪名は無名に勝るということで、「サップ西成」のブランドの上に乗って生きることはもちろん可能だ。その場合は「悪」と隣り合わせに生きていくことになる。それは「暴力」と近い場所で生活をするということでもある。

そうなれば負担を背負って、傷つくのは私ではなく周りの人だ。

留置場で長期勾留されて思い知らされたことは、

「自分は、周囲の人間を繰り返し傷つけて、生きていくことはできそうにもない」

ということだった。

二度と他の人に、自分の衝動的な行動で迷惑をかけたくない。

元々身体が強かった自分にとって「暴力」は、使えば人を屈服させることができる便利なツールだった。考えてみれば「言葉」で相手を説得することは、暴力によって相手を服従させるよりはるかに時間がかかるし、手間もかかる。そこで気がついたの

は、

「俺はヤクザではないんや」

という当たり前のことだった。実は「暴力」は「説得の努力」からの逃避に過ぎない。

それでも暴力を使わなければならない場面がある。例えば自分の「城」である店を攻撃された時。あるいは、自分の大切な存在が暴力に晒された時だ。

このように自衛のために致し方なく暴力を使うことはあっても、二度と自分から暴力を行使することはしないと誓った私がいた。

店を持つにあたって繰り返し繰り返し反芻したのも、「暴力」との向き合い方だ。

そこで振り返ったのが過去に潰した2軒の飲食店だ。Xの選手時代に西成でバーと串焼き屋を経営したものの、いずれも3年で閉店してしまう。

気がついたのは、その大きな原因の1つが不良仲間だったことだ。

サップ西成が店をオープンしたと知れば、必ず不良仲間は来てくれる。不良は寂しがり屋が多いので、5人、10人と大人数になることがほとんどだ。格好をつけたがる傾向が強いので、落とす金額も大きい。

だがそういう店は、一般の人にとっては「ややこしい店」にしか見えない。そんな店に1人で入って落ち着いて飲もうとは思わないのである。

もちろん自分なら平然と1人で飲むが、それは「自分の基準」である。暴力に溺れた人間は「自分基準」を「世界標準」だと勘違いする傾向が極めて強い。

断言していいが「自分の基準」は大多数の一般市民の「基準」ではない――この当たり前の事実に、自分が最強だと思い込んでいる「サップ西成」は気がつかないで生きてきたのである。

これまでの私の飲食店は、一発の大きなおカネを求める経営だった。だが「左福」を持つ時に決意したのは、まったく逆のことだ。

たとえ使うお金が1000円、2000円でも毎日来てくれる常連さんを大切にしよう。

そうした常連さんのために絶対にしなければならないのが「サップ西成」との別れである。

　だから私は、店をオープンしたことを誰にも伝えなかった。当時、刷っていた名刺も本名の金城旭だけだ。

　風の噂で店に訪れてくれた昔の仲間の中には、

「なんで言えへんねん！」

　と怒る人、

「なんや、水くさい」

　と嘆く人、

「サップも変わったわ」

　と失望する人もいた。

　もう私は「サップ西成」ではないのだ。もし仲間を名乗るのであれば水くさい私を受け入れてもらう他ない。そう反論しようと思ったが、私は沈黙を選ぶことにした。これは私が選んだ「戦い」である。他人に恨みがましいことを言っても意味がない。

　それでもかつての顔見知りから、非難の言葉をぶつけられた時の私の胸中は複雑だ。しかし、そんな憂鬱な思いを払拭してくれたのは「サップ西成」とは無縁の、常連さんの笑顔だった。

恩師の訃報

私が飲食業を愛してやまない原点は、幼い頃の飢餓経験と孤独な食卓にある。白米だけしか提供されない食卓で、味の組み合わせでしか楽しみを見いだせなかった。料理は色んな言葉で表現される。

私にとって料理とは、違う味を組み合わせて、答えを導き出す「パズル」だ。その解答が正解か不正解かは、常連さんの笑顔が決める。その笑顔こそが幼い私の食卓から欠落していたものだ。

飲食業はその両方を与えてくれる。だからこの仕事がとても好きだ。

2軒の飲食店を潰した私だが、「味」には自信があった。自分が食べて美味しいものは、多くの人が食べても美味しい。だから自分のお店で出す料理が「まずい」と言われても、

「それはあなたの味覚が特殊なだけ」

としか私には思えない。クレームに対しては丁寧に対応するが、

「まずいのであれば、どうか他のお店でお楽しみください」

という姿勢は変わらない。

味は飲食店の経営のキモだが、味さえよければ儲かるという方程式が成立しないのが飲食業の面白いところでもあり、厳しいところでもある。私の場合、その原因が「サップ西成」であったことに気がつくのに長い時間がかかってしまったが……。

私が別れても、相手が忘れてくれない――こうしたことは男女関係に限らず、一般社会ではよくある話だ。

ところが別れる相手が「サップ西成」の場合は一般社会のソレとは少し違ったことになる。忘れたくない相手が暴力社会だからだ。

恋愛事情ならぬ「サップ西成」への偏愛事情のもつれからか、私の店は開業して間もなく、車に突っ込まれている。過去を考えれば心当たりが多すぎて、誰が犯人なのかもイメージできない。

もちろん警察を呼んで現場検証も行われたが、犯人は2024年4月の時点でもわからない。幸いなのはそれが1回で済んだことだ。暴力社会の住人がサップ西成を忘れてくれたことは何より嬉しかった。

そんな日々を送っていた私に、ショックなニュースが伝わってきた。店がオープンして約3カ月後の2018年6月15日、私に柔道を教えてくれた栗本忠広先生が逝去されたという。

先生には合わせる顔がないので、逃亡したままだ。

先生に出会って柔道を始めたことが私の格闘家としての原点だ。結果的に辞めてしまったが、先生のおかげで高校に行くこともできた。また先生の縁で、もう一度、高校入学のチャンスをもらうことができた。

訃報が届くまで先生のことを忘れていた私の心は、恥ずかしさと悲しさで一杯になった。

葬儀には参列したい。しかし、これまでの自分の行状を省みれば、お葬式に参列することは、とてもできそうにない。

お線香も供えられずにいまだ不義理は続いている。

いつかご仏前に手を合わせることができるようになりたい。そう思いながら恩師のご冥福を祈った私だが今日まで果たせずにいる。

栗本先生、本当にありがとうございました。

大阪の超一等地「北新地」に出店

当然のことだが現役の格闘家より一般市民の生活は刺激が少ない。だが一般市民の生活に刺激が少ないからといって退屈ということではない。

そう思うのは時間の流れが極めて速いからだ。

飲食は仕入れ、仕込み、接客、そして片付け掃除と、途切れることなく仕事が続く。どれも手を抜くわけにはいかないのだから、1年などあっと言う間に過ぎていく。

開店した「左福」の経営は順調だった。これまで3年で店を閉めてしまっていたが、楽々と、その壁を超えられそうだ。

ところが2019年12月、不穏な出来事が世界中を襲う。中国の武漢で新型コロナウイルスが発生。2020年1月15日には神奈川県在住の中国籍男性が、国内で初めて感染確認されたのである。

中国のゴールデンウイーク、1月からの春節には民族大移動の勢いで中国人が世界中に旅行に出かける。こうして世界規模での感染爆発が起こったのである。

予防法、治療法がない未知の病気に対してできるのは、公衆衛生的アプローチだった。マスクの着用、手洗い・うがいの徹底はもちろん、人の移動が制限されるようになったのである。

いわゆるコロナ禍の始まりだ。

移動制限によって経済活動そのものが停止。同年2月下旬から世界的株価暴落、コロナ・ショックが起こる。外食産業には衝撃が走ったが、特にダメージを受けたのが社用族が接待に使う高級な繁華街だ。東京なら銀座、大阪なら北新地が一瞬でゴーストタウンとなった。

「ピンチはチャンスである」

その事態は飲食店店主・金城旭の勝負師魂を逆に刺激した。

北新地は、大阪府大阪市北区の歓楽街で、日本を代表する高級飲食店街だ。梅田の南側に位置し、キタの繁華街に含まれる。ラウンジ、高級クラブ、料亭、バーなどの高級飲食店が軒を連ね、風俗店やパチンコ店は皆無。

一般的には「大人の街」と定義され、東京の銀座と比肩しても劣らない高級飲食店街として知られる。

平時ならとても手が出せない賃料だが、コロナ・ショックで下がっているのに違いない。はたして不動産屋に行くと、コロナ禍の影響で何軒かの店が閉めるという。家賃を聞けば高額だが、手が届かないわけではない。

決してやけくそということではなく、経営次第でどうにかなると私は読んだ。

男の子だから一番を目指したい。1回は路面店で飲食を営業したい。もし潰れても、北新地に店を出したこと自体がブランドだ。死ぬまで、

「北新地で店を出していた」

という誇りを持つことができる。

２０２２年３月１日、私は曽根崎新地１丁目８番の路面に居酒屋「つどい　福」をオープンする。ついに北新地の店のオーナーになったのだ。

サップちゃん、あんたホンモノやないの！

ところが北新地での店舗経営は予測を超えて、はるかに厳しいものだった。売り上げはもちろんのことだが、まず頭を悩ませたのが諸経費である。家賃などの固定費は「左福」よりはるかに高い。原価率が高いのだから北新地の店の赤字額は「左福」のそれよりはるかに大きなものになる。

しかも私は２つの誤算をしてしまう。

１つ目の誤算が、２０２２年１月１日〜３月31日の「第６波」である。オープンを狙ったかのような、まさかの「第６波」は私を喘がせるには十分な威力だった。

もう１つは私が「北新地」を知らないことで起こした誤算だ。それこそが土曜営業である。

脇目も振らず飲食一本で「北新地」に店を持つ

憧れの一等地で店を始めた当初、私は北新地の「土曜日」の実情を知らなかった。社用族が接待に使うことも多い北新地は、週末、ゴーストタウンと化す。周辺の飲み屋さんはほとんど休みにしている。

オープン当初は土曜日も店を開けていたのだが、閑古鳥さえ鳴かないほどの惨状である。ゼロ、ゼロ、ゼロ、ゼロ、ゼロが続く凄惨な状況になった。3カ月ほど土曜営業を続けたが、

「これやったら開けん方がマシや」

となって土曜休日にしなければならなくなったのである。

一方私は、オープン前の試算で土曜営業の売り上げを込みにしていた。この分がゼロになってしまったダメージは極めて大きい。

万事休すとはいかないが、このままでは先細りは見えていた。「左福」の利益を北新地の店が食い潰して共倒れのリスクさえある。

そんな私に救いの手を差し伸べてくれたのが、本書で構成を担当してくれているアンディ南野氏である。

「孤高の喧嘩師」の異名を持つアンディ氏は「喧王」の初代、2代目のチャンピオンだが、私とは被っていない。

出会ったのは「X」時代だった。不思議とウマが合って意気投合して以来の付き合いである。お互いケンカは1人で乗り切るタイプ。だが、なぜかアンディ氏だけは相互に背中をあずけながら、ケンカをしたことがある朋友だ。

金城旭になった私を温かく見守ってくれて、変わらぬ付き合いをしてくれた1人がアンディ氏だ。

いわゆる不良仲間とは違う莫逆の交わりである。

私が北新地に出店するはるか前から、アンディ南野氏は天満警察署と大阪市の要請で北新地の防犯パトロールをしている。明るく誠実な人柄も手伝って、アンディ南野氏の北新地での顔は広い。

私の窮乏を察したのか、そのアンディ南野氏が、

「こいつ昔、やんちゃしとって。でも新地出てきて頑張って。防犯にも協力してくれてるんです」

と紹介してくれたのが、北新地で幅広く高級飲食店を経営する堂島観光株式会社の社長である。真顔で冗談を言うことからアンディ氏はウソか本気かわからなくなることがある。そのこともあってか、この時の紹介の言葉を社長は聞き流してくれた。

ところが社長は、その後、間もなくして新型コロナウイルスに感染してしまう。やることもないので「サップ西成」をググったそうだ。画面の上には、私の「過去」がこれでもかとばかりに出てきたという。

それを読んだ社長が、回復して北新地に復帰した。私の顔を見るなり、

「サップちゃん！　あんたホンモノやないのっ！」

と言うではないか。

最後の事件から8年、飲食店店主・金城旭になってから4年経っている。それでも

過去は追いかけてくるのか……一瞬、私の心が暗くなった。

ところが、社長は破顔一笑で私にこう言う。

「俺は北新地でずっと商売していて。過去はどうであれ、この北新地で頑張ろう！っていう、サップちゃんの気持ちが嬉しいわ」

社長は私を気に入ってくれたようで、陰に日向に私を助けてくれている。「つどい福」では「おみやげ弁当」を販売しているのだが、ことあるごとにお買い上げいただいている。アンディ氏の紹介がなければ、店は確実に潰れていたはずだ。

ご両名に対する感謝の気持ちを忘れたことはない。

リングへの強襲

やはり私は1人では何もできないちっぽけな人間である。北新地の「つどい 福」を見るたびに思うのは、「サップ西成」だったらこの店を出すことができたのかという問いかけだ。

答えは決まって「ノー」である。

一方で、自分自身が格闘技を好きな気持ちは裏切れない。たとえテレビでもネットでも一度でも試合を観てしまえば、プレイヤーに戻りたくなるのは確実だ。

だから店でもプライベートでも「格闘技」を観ないように努めてきたのである。

そんな私にとって過酷な仕事の1つが「BLUESTAR」など格闘イベントや大会への「催事」だ。「左福」以前から催事をやっていたが、店を持っても「催事」は継続していた。

「BLUESTAR」の代表など、格闘系は私の友人が多く、大会があるたびに屋台を出店させてくれていた。遠ざけていた「格闘技」と仕事上でどうしても接触することになる。

出店自体はビジネスとして大変喜ばしいことだ。だが眼前にある試合会場では熱い戦いが繰り広げられているのである。

観てしまえば、私の中の「サップ西成」が甦り、今の生活を壊してしまうかもしれない。だから観ないよう頑張っていた。それは飼っている犬がご飯を前に「待て」を命じられているようなものである。ペットには「食べてよし」があるが、私にはそれがない。

お預けをくらったままヨダレを垂らすのみである。

その日も格闘技イベントに屋台を出していた。屋台の仕事に私はいつもバイトさんを帯同させていたが、もう私がいなくても十分、屋台を回していくことができるほどになっていた。

魔が差したとでも言うべきか。私は我知らず、吸い込まれるように会場に足を踏み入れてしまう。久しぶりに…本当に、久しぶりに見るナマのリングは、どこか遠い存在に思えた。

だから落ち着いた気持ちでゆっくりと試合を観た。そんな私の心を一気に引き寄せたのが侍マーク・ハント選手の試合だった。

侍マーク・ハント選手は1982年1月22日生まれ、岐阜県出身。本名「桑原清」だ。「サモアの怪人」マーク・ハント選手に憧れ、このリングネームを名乗っている。地元岐阜をこよなく愛し、自ら岐阜発の格闘技イベント「Ambition」を主催している。

日本人には珍しい重量級で豪腕振り回し型の典型的なストライカー。２０１１年のＭ－１セレクションアジアラウンドでプロデビュー以来、10勝の白星はすべてパンチのＫＯかＴＫＯで、当時のフィニッシュ率は１００％だ。

地下格、海外と規模の大小を問わずに、どん欲に多くの大会に参戦しキャリアを重ねて、２０１８年８月12日のＲＩＺＩＮ．12でＲＩＺＩＮ初参戦。ロッキー・マルティネス選手と壮絶な撃ち合いの末、惜しくも敗北してしまう。

再会

ところが、この試合を境に侍マーク選手はしばらくリングから遠ざかる。深刻な顔面マヒを発症し、日常生活にも支障が出るほど苦しい日々を送らざるをえなくなったからだ。

２０１９年１月３日には自身のＩｎｓｔａｇｒａｍで、

格闘家 桑原 清

ＲＩＺＩＮの試合から顔面麻痺で試合が出来ない状態が続いているので考え変えて体作り直します！

格闘人生行ける所まで行きます

と、苦しい胸中を吐露した。しかし、それから約２カ月後の同年３月16日の「ＤＥＥＰ ＴＯＫＹＯ ＩＭＰＡＣＴ ２０１９」で復帰を果たす。

２０２３年には、なんと３年ぶりにＲＩＺＩＮに返り咲く。判定の末敗れたものの、フルラウンドを戦いきっている。

私が観たのは、２０２３年ＲＩＺＩＮ再参戦の少し前のことだ。そんな侍マーク・ハント選手は昔から、こう言ってくれていた。

「地下格闘技に参戦した理由は、サップ西成を観てからや」

このように「サップ西成」をリスペクトしている侍マーク選手は、大きなケガを乗り越えてリングに復帰し、この日はメインを張ってお客さんを沸かせている。私との年齢差もわずか5歳だ。

RIZINという大きな大会に出られるだけの能力がありながら、地下格にも出場している。

そんな侍マーク選手の熱いファイトを観た後、私の心の中には、1つの想いが生まれてしまっていた。

「俺も、もう一度やりたい…」

元の自分に戻ってしまう可能性を考えないではなかった。だが、あの事件から約8年間、職場どころか家で、謹慎のような状態を続けて、自分を戒めてきたのだ。

再び選手として定期的にリングに上がるかは横に置いておいて、私は自分の想いを、手短にそして、素直にSNSに綴った。

〈試合復帰しようかな　オファー待ってます〉

私自身は「サップ西成」をとっくに世間から忘れ去られた格闘家だと思っていた。

ところが、それなりのオファーが私に届くことになる。中でも熱心に誘ってくれたのが、「BLUESTAR」だった。

代表とは旧知の間柄ということもあって、私も出場しやすい。2022年11月、私の出場が決まった。

水晶体脱臼

まず行わなければならないのが練習だ。そこで自身が所有する西成道場の門をくぐった。あの独特の匂いに懐かしさを覚える。

「飲食業中は格闘技から離れていたのでは？」

と、勘ぐる人もいるだろう。もちろん、この時まで、一切道場に足を踏み入れていない。道場の賃料や経費などを支払うだけで、私の後輩が使うのに任せていたのである。

相手はあのヒロ三河選手だ。試合前の煽り映像では、お互いがお互いを「めちゃくちゃ強い」と評価していた。

それはお世辞ではない。だから本気で仕上げなければならない。

ジムにいた後輩たちには事前に連絡を取っていたので復帰に驚かれることはなかった。緊張しているのはむしろ私の方だ。久しぶりに練習をすると以前とは違う感覚だった。

ひたすらに楽しいのだ。

「X」を舞台にしていた時の私は、絶対に勝たなければならない。絶対にお客さんを沸かさなければならない。など、自分に「義務」を課していた。

それは最盛期にある格闘家がベストバウトを実現するために心の中に秘める、「縛り」だ。

だが今の私には何もない。名声も過去、体力はピークを過ぎたどころから下り坂一直線。同世代の多くが引退している「飲食店経営のおっさん」である。

だが、何もないからこそ、私は格闘技を純粋に楽しむことができるようになれたのではないか。2023年2月19日、姫路みなとドームでの試合まで1カ月を切った。

私はInstagramに綴った言葉が、当時の私の心境をよく表している。

楽しみでしかない
お前ら絶対観にこい！
久々に武者震いしてきた

ところが私の身にアクシデントが起きる。身体も順調に仕上がっていった試合直前、私は右目の視力を喪失してしまったのだ。

今度の失明は「水晶体脱臼」だった。

水晶体は目のレンズの役割をしているが、チン小帯と呼ばれる細い糸で支えられてトランポリンのように虹彩の後方、瞳孔の中心に位置するように固定されている。水晶体脱臼とはこのチン小帯が断裂した時に起こる眼疾だ。

私はヒロ三河選手側に目のことを言わずに試合に挑んだ。言えば、たとえ直前でも試合を中止する性格を知っているからだ。煽り映像で宣言したが、年齢から考えても今回の試合は、ヒロ三河選手との人生最後の戦いになるはずだ。だからこそ思う存分、ど突き合いを楽しみたい——地下格闘技創生期と黄金期に活躍した東西のレジェンドが魅せる試合は、お客さんだけではなく、きっと若い世代を刺激するはずだ。

こうして試合が始まった。

ヒロ三河陣営は、さすが現役として戦っているだけある。試合中、私の右目の異変に気がついて死角に回り込むようセコンドが指示を出す声が聞こえた。豊富な経験に支えられた40代同士の試合は判定にもつれ込む。

辛くも勝利したのは私だった。

その時の私には「次」があることなど考えてもいなかった。

SNSと格闘技

この試合に向かう過程の2023年1月2日、私はYouTubeに「サップ西成チャンネル」を開設する。最近の私を観た視聴者の皆さんは、私が動画の撮影を「ノリノリ」で行っているように見えるかもしれない。

だが当初、私は開設に否定的だった。

すでに「ＢＬＵＥＳＴＡＲ」に出場することは決まっていたが、それは「地下格闘技」という限定的な場所だ。

ところがＹｏｕＴｕｂｅにチャンネルを作って動画発信するということは、ＳＮＳ上に「サップ西成」を甦らせるということである。

私の過去を知った、堂島観光株式会社の社長は「現在の私」を受け入れてくれた。

だが、世間が「ホンモノやないの……」と認識すると、私の生活が脅かされるのではないか。

私は本気で懸念した。何よりサップ西成を忘れている暴力業界が思い出してしまうかもしれない。

その時、すでに私はＩｎｓｔａｇｒａｍを利用していたが、そのアカウントは「＠ｓａｆｕｋｕ」、つまり店の名前である。どうしても「サップ西成」に抵抗があったからだ。

そんな私の杞憂を払拭してくれたのもアンディ南野氏だった。

アンディ氏は現代社会のビジネスで「発信力」が非常に大きなパワーを持っていること。ＹｏｕＴｕｂｅで得た発信力を背景に格闘家から起業家に転身した人がいることなどを熱心に説明してくれた。

アンディ氏が強調したのは北新地の「つどい　福」の経営である。どれだけ多くの人が助けてくれても「健全経営」とは言い切れない状況だった。「左福」と合わせてどうにか黒字を維持している状態だったのである。

どうせ格闘技大会に「サップ西成」で出るのであれば「サップ西成」のブランドを利用しない手はないのではないか。そのことはシナジーとなって必ず飲食店経営にプラスになる。そう口説かれた私が開設したのが「サップ西成チャンネル」（＠ｓａｐｐｎｉｓｈｉｎａｒｉ）である。

それでも「発信力」とビジネスがどう関連していくのかは、当時の私にはまったくイメージができなかった。それを知ったのは「ＢＬＵＥＳＴＡＲ」の試合後である。ヒロ三河選手との戦いの余韻に浸る私に、アンディ南野氏がこう提案してきた。

「ＢＲＥＡＫＩＮＧ　ＤＯＷＮに応募してみよう」

当初、私はその提案を一笑に付した。

BREAKING DOWN応募の内幕

「BREAKING DOWN」は、SNSが生み出した格闘技の新たな形である。格闘家が全力を出せる限界時間は約1分。だから1分間全力で戦ってどちらが強いかを決めようという、極めてシンプルなコンセプトである。

このコンセプトに従えば駆け引きや時間稼ぎ抜きで、全力でぶつかり合うことになる。既存の格闘技や格闘家のイメージを壊すという意味で「BREAKING DOWN」と名付けられた。

この大会を盛り上げる最大の要因の1つが出場選手の多様なバックボーンだ。元も含めたプロ、アマチュアの格闘家というオーソドックスな出自だけではなく、街のケンカ自慢、プロレスラー、有名格闘家の2世、アームレスラー、AV女優からダンサー、ホスト、キャバ嬢と多岐にわたる。

もう1つの魅力が「フェイスオフ」だ。

格闘技では敵対する2人の選手が顔と顔を極限まで近づけて睨み合い、相手を威嚇することを「フェイスオフ」という。試合の前哨戦として楽しみにしているファンは多い。

「BREAKING DOWN」は選考オーディションを公開するが、その時が、まさに「フェイスオフ」である。

参加希望者の目標はまず参加だが、その先にあるのはただの一選手から、ひな壇の上に座れる選手になることだ。実力もさることながら「個性」が重要視される。

そこでアピールのために派手な「フェイスオフ」が行われる。横にいる候補者との乱闘はお決まりで、ひな壇に並ぶ「格上選手」や「選考者」と出演希望者が揉めることもある。

地上波に出演することが難しい全身刺青の選手や、前科持ちの出演者。また不良同士が過去の遺恨を理由に暴れる。楽屋裏での乱闘など、ややプロレス気味のバラエティと、1分全力の格闘技を高いレベルで融合することに成功したコンテンツだ。

当初はＹｏｕＴｕｂｅのみでの配信だったが、現在では、試合などはＡＢＥＭＡが有料で配信するようになっている。

アンディ南野氏の提案に対して私が難色を示したのは、「ＢＲＥＡＫＩＮＧ ＤＯＷＮ」の代表取締役が朝倉未来氏であることだ。朝倉氏は、あの「ＴＨＥ ＯＵＴＳＩＤＥＲ」出身である。実際に襲撃したその日、弟の朝倉海選手は、選手としてあの会場にいたのである。

こうした経緯からも襲撃犯の私を運営サイドが採用するとはとても考えられなかったからだ。

暗澹たる気持ちになった私が「任せる」と気のない返事をしたところ、アンディ南野氏は喜々として書類を作成してくれた。

ところがどうしたことか。しばらくすると「合格」の通知が来て、私はオーディションに参加することになったのである。

発信力の効果

結果的に私は「BREAKING DOWN」の8、9、10と出演し、ひな壇に上がるようになった。11では大阪軍団の総大将という位置づけでチームを率いた。

「サップ西成」の知名度はオーディションに参加する希望者世代にはほぼなく、むしろ運営クラスの層が選手時代の私をよく知っている。特にひな壇人気ナンバー1と言っても過言ではない瓜田氏との出会いは、前述した通りである。

あの一件以降も交流は続いていた。

多くの若者が視聴する優良コンテンツに出演したシナジーの1つがメディアの取材だ。

「BREAKING DOWN」出演をきっかけに、私の過去が改めて掘り起こされることになった。特に襲撃事件の衝撃力は現在でも通用するようで、「サップ西成」の伝説がSNS上で独り歩きするようになってしまったのである。

トレーニングを終えて一息

だいぶ「盛った」情報ということで、当人の私に確認のための取材申し込みが増えていった。

本書が発売される時点で、すでに襲撃事件から実に約10年の時間が経とうとしている。前田氏のメンツを考えれば沈黙が最良なのだが、私としても間違ったイメージが増幅することで、私の社会生活に不利益が生じることは喜ばしいことではない。

あの時は若くて、勢い任せだったのだ。「サップ西成」と別れていた10年でそのことに気がついた。今更だが事件への反省を言葉にして、取材を受けることにしている。もし機会があれば前田氏に直接謝罪したいと願っている。

もちろんそれで許されるとは思っていないが、ケジメは付けたい。

露出が格段に増えたことで、北新地のお店の集客力は確実にアップした。かつての「サップ西成ファン」も今では北新地でお酒を飲む年代である。そうした人たちを中心に、店を訪れてくれることが、とても喜ばしい。

ただし私に慢心はない。これはただ「発信力」による成果ではなく、ここまで地道に生きてきたことが与えてくれたギフトだ。

特に「BREAKING DOWN」に参戦して、自分の未来を切り開くきっかけにしようとしている若い人たちに強く伝えたい。最初になければならないのは「発信力」ではなく、「常識」や「社会性」である。そうした普通の基準があって、初めて「発信力」がパワーを持つ。

お前が言うか、略して「おまゆう」に聞こえるかもしれないが、このことに気がつかずに長く人を傷つけてきてしまった人間の精一杯だと受け取ってほしい。

私にとって何より喜ばしいのは、発信力による恩恵を受け取るのが私だけに留まらないことだ。

児童養護施設への炊き出しを私はずっと継続してきた。もちろん個人の持ち出せる資本力には限界がある。発信力が備わったことでボランティアへの協力者や、寄付などが増えている。

おかげで施設の子供たちによりよい「クリスマス」をプレゼントできるようになったのだ。

つい先日、ＴｉｋＴｏｋでライブ配信をしていたところ、

「あの時にお菓子とか食べ物をくれたの覚えてますか？」

というダイレクトメールが送られてきた。当時、孤児院にいた小学校5年生の少女は、もう25歳になったという。

他人のためにできることが増えることほど喜ばしいことはない。私は、ようやくここにたどり着いたのである。

ターニングポイント

２０２４年1月1日、能登半島で巨大地震が発生し、深刻な被害を与えた。不幸に

も亡くなってしまった方のご冥福を心より祈る。また、被災した人の生活が一刻も早く元に戻ることも願ってやまない。

「催事」をやっていた関係もあって、被災地にボランティアに出かける知人は少なくない。1回行ったら何百万円という費用がかかるのだから、個人でできることには限界がある。

そんな中、あるボランティアをしている知人から「米が足らない」という相談を受けた。その人は自分の名前で、米不足を伝えるのが苦手だという。今こそ、私が得た新たな武器「発信力」を利用する時である。

「それやったら僕が発信するわ」

そう告げた私は、早速、自身のＩｎｓｔａｇｒａｍを通じて被災地用の米不足を訴えた。アンディ南野氏も協力してくれたおかげで、かなり早い時間で米を集めることができたのである。

私は、ようやく発信する力を実感できるようになってきた。

ただし「発信力」ですべてがかなうことはありえない。繰り返すが重要なのは「大義」や「正義」だ。それがあって初めて情報がパワーを持つのである。

おかげで新たな若い層が私の元に集まるようにもなった。先日、西成道場で練習をしていると、見たこともない子供が突っかかってくるではないか。ＹｏｕＴｕｂｅにありがちな、いきった子供の殴り込みだ。

その子供は、ＢＲＥＡＫＩＮＧ　ＤＯＷＮの大阪オーディション会場で私とすれ違ったという。「サップ西成」を知らない少年にとって、私はただの「おっちゃん」にしか見えない。

そんな普通のおっちゃんに、なぜ会場にいる屈強な、しかも悪そうな人たちがペコペコと頭を下げ、尊敬されているのかが納得いかないそうだ。だから本当に強いかどうか試しに来たのだという。

そうまくし立てる言葉を聞いて私は少し安堵した。

「やはり最強の半グレと呼ばれたサップ西成は一度死んだんや」

と。

どうしても手合わせをしたいというのでリングの上で相手をした。あの時の「サップ西成」であれば、全力の左フックで瞬殺していたはずだ。だが今の私は手加減をしながら指導することができる。後輩たちは子供の無礼を非難するが、私にとって、そうした時間はとても楽しい。

そんな時に、瓜田氏から、

「手伝ってほしい」

との連絡があった。BREAKING DOWNに出場できるめぼしい選手を集めてほしいとのことだった。私はアンディ南野氏と協力しながら、何人かの選手を予選に送り込んだ。

きっと私の元にはこれから、多くの「やんちゃ」が尋ねてくるに違いない。それは栗本先生に出会った当時の「私」である。私のようなひねくれた、複雑な性格の「やんちゃ」をどう導いたらいいのか——まだ答えは見つかっていない。

もしかすると、そのことでトラブルに巻き込まれるかもしれない。先生が私にしたように寛容で居続けられるかどうか、試されるのは私自身だ。

少なくとも50歳まではリングに上がり続けるつもりだ。その意味で、私は格闘家としての余生を楽しんでいると言えるだろう。

人間にはターニングポイントがある。今、私は何度目かの「ターニングポイント」に差しかかっていることは間違いない。今までとは違う「サップ西成」になることができるのか——挑戦は始まったばかりだ。

おわりに

「旭を呼んでいいか?」

食事をしていた時、ふと知人がそう申し出た。誰のことかわからなかったが、サップ西成だという。噂だけは聞いていた。お互いに「喧王」のチャンピオンで同じ階級、向こうは1歳年上ということで周囲は、

「試合をやったらどっちが強いんだろうか」

と煽られていたこともある。やはり向こうも同じように私の噂を聞いて煽られてもいた。出会った瞬間、挨拶をするが格闘家同士の間に微妙な空気が流れる。

その席で一番年下は私ということで、鍋を取り分けた。サップ氏に渡すと両手を揃えて受け取り、

「あぁ、どうもありがとう!」

その丁寧な振る舞いに、私は参ってしまう。その日の晩には2人で一献どころか「多献」を傾け合う。以来、莫逆の交わりは今日まで続いている。

本書ではサップ西成氏の激動の人生が明かされているが、私の方も同じような紆余と曲折が連続する人生を歩んできた。

2人ともに、都度都度手を差し伸べてくれた人がいる。無自覚にしでかした粗相でトラブルが起こりそうな時、知らないところでそっと防御壁を構築してくれた人もいる。また道しるべになってくれた人もいる。

今の私たちが、どっちがまっとうな方向かを自分たちで判断できるようになったのは、そうした多くの人たちのお陰である。今後、たとえ私たちの身に何かのトラブルが降りかかっても、それは「まっとうだ」と判断した結果だ。

今の私たちが恩人たちにできる恩返しは、後進を育てること。本書をサップ西成氏とともに制作したことが、その第一歩である。

2024年3月

アンディ南野

Profile

サップ西成

さっぷ・にしなり

1977年6月生まれ。大阪府西成区出身。

高校無償入学に惹かれて中学1年の後半から柔道を始め、すぐに府大会最上位に。宮崎県の鵬翔高校に入学後、中学時代の井上康生と稽古をする。

高校を中退し、10代後半からアマ修斗を始めるが、すぐに頭角を表すもケガで一度目の引退。29歳で大阪地下格闘技大会『喧王』に参戦し、階級別王者に。自身も大阪で地下格闘技大会の運営、プロモートを始め全国最大の大会に成長させる。

2013年3月に、警察から大会が「半グレ」認定されたため、運営会社を解散。選手としても引退。同年9月に前田日明襲撃事件を首謀し、逮捕される。

2018 年に大阪府住之江区に居酒屋「左福」を開業。2022年には大阪の超一等地、北新地で「福」をオープンする。

2023年、約10年間の沈黙を経てリングに復帰し、『BreakingDown』に参戦。

格闘家としての余生を楽しむ一方で、後進の育成、プロモートに邁進している。

構成

アンディ南野

あんでぃ・みなみの

1979年2月10日、大阪府大東市出身。若い頃からけんかに明け暮れる「孤高の喧嘩師」と呼ばれる。28歳のとき、格闘技デビュー。地下格闘技「喧王」で2度優勝。2019年の選挙では腕っぷしを買われて故安倍晋三元首相の警護を務めた。毎週木曜、金曜には天満警察署と大阪市の要請で、北新地のパトロールを行い、違反者を摘発している。

盟友・サップ西成氏の処女作である『奪還』をプロデュースした。

サップ西成自伝

奪還

「大阪最強の半グレ」と呼ばれた男

第1刷　2024年3月31日

著者
サップ西成

構成
アンディ南野

編集
佐々野慎一郎

発行者
小宮英行

発行所
株式会社徳間書店
〒141-8202 東京都品川区上大崎3-1-1 目黒セントラルスクエア
電話　編集(03)5403-4344 ／ 販売(049)293-5521
振替　00140-0-44392

印刷・製本
大日本印刷株式会社

ISBN 978-4-19-865799-4

The Autobiography
of
Sapp Nishinari